Michael Zeller

DIE KASTANIEN VON CHARKIW

Mosaik einer Stadt

NÜRNBERG

Gefördert durch
das Amt für Internationale Beziehungen der Stadt Nürnberg

Michael Zeller, Freier Schriftsteller (FOLLENS ERBE, DER WIEDERGÄNGER, CAFÉ EUROPA, DIE REISE NACH SAMOSCH, FALSCHSPIELER), lebt in Wuppertal. Sein umfangreiches und vielgestaltiges Werk von derzeit vierzig Buchtiteln (darunter acht Romane, übersetzt und mit mehreren Auflagen, Gedicht- und Erzählbände) wurde mehrfach ausgezeichnet (Kulturpreis Schlesien, Von der Heydt-Preis Wuppertal, Andreas Gryphius-Preis).

www.michael-zeller.de

© 2021 **asso**verlag, Oberhausen
Alle Rechte vorbehalten
Umschlaggestaltung: Jennifer Schicker, Düsseldorf
Textsatz: Jennifer Schicker, Düsseldorf
Gedruckt in Dänemark

ISBN 978-3-949461-02-6

Mehr über unsere Autoren und Bücher:
www.**asso**verlag.de

Michael Zeller

DIE KASTANIEN VON CHARKIW

Mosaik einer Stadt

Übersetzung: Prof. Oleksandra Kowaljowa, Charkiw
Vorwort: Andrei Kurkov, Kiew

assoverlag

VORWORT

Michael Zeller war im Herbst 2019 nicht zum ersten Mal in Charkiw. Seit 1990 besuchte er diese Stadt mehrmals und beobachtete immer mit Interesse Veränderungen hier, ermittelte alles Neue im Leben der postsowjetischen Zeit, dessen Rhythmen und Themen. Und er sammelte „deutsch-ukrainische Geschichten" – Geschichten der deutschen Soldaten aus der Zeit des Zweiten Weltkrieges, welche gefallen waren, welche am Leben geblieben sind und welche hier die Gefangenschaft verbrachten oder sogar ihre Liebe gefunden hatten.

Man kann auch behaupten, dass diese Geschichten selbst es waren, die gerade nach diesem Autor suchten und zu anderen Autoren kaum Vertrauen gefasst hätten. Denn Michael Zeller ist ein Dichter mit einer besonderen Gabe – er sieht das Unsichtbare. Dieses Unsichtbare wartete gerade auf ihn, bis er alles beschreibt: den Geist der Stadt, den Zusammenhang der Stadt und deren Bewohner.

Charkiw und dessen Vorstadt haben eine besonders dramatische Rolle in der Geschichte Zellers Familie gespielt. In alten Papieren des Vaters hat Michael die Nachricht über den Tod seines Onkels Hermann gefunden. Er fiel bei Rogan, nicht weit von Charkiw.

Ich möchte das Buch gar nicht nacherzählen. Das wäre eine undankbare Beschäftigung. Ich möchte nur sagen, dass der Autor sich nicht umsonst so oft und so lange in Charkiw aufgehalten hat. Alles, was ihn beeindruckte und was er bewunderte, ließ ihn nach neuen Antworten und eigenen Erfahrungen suchen, die bei jedem Schritt vor ihm auftauchten. Michael suchte intensiv, und er fand sehr viel.

Doch in dem neuen Buch verrät er auch, wenn man mit aufmerksamen Augen hinschaut, einiges über seine eigene Person. Dabei stellt der Autor sich niemals das Ziel, dem Leser zu gefallen. Er bleibt immer offen und sagt die Wahrheit. Wenn etwas für ihn ungewöhnlich ist, so spricht er darüber offenherzig.

„Die Kastanien von Charkiw" hat er nicht in erster Linie für uns geschrieben, die ukrainischen Leser. Er hat diese Prosa für einen europäischen Leser geschaffen.

Desto mehr ist es für uns von Interesse!

Andrei Kurkov

Platz des 23. August

Es hat seinen ganz eigenen Reiz, über die Straßen dieser osteuropäischen Großstadt zu gehen. *Flanieren* traue ich mich kaum zu sagen, obwohl mein Gehen kein anderes Ziel hat als zu gehen – zu gehen mit offenen Sinnen. Angesichts dieser Weite und Breite um mich scheint mir der Begriff des Flanierens hier zu gemütlich zu sein und eher in westlichere Regionen unseres Kontinents zu passen. Der Bürgersteig unter meinen Füßen hat die Dimension einer Straße. Mächtige Bäume, überwiegend Kastanien, trennen ihn vom Fahrdamm der Autos. Wie viele Spuren es sein mögen? Schwer zu zählen, denn die Breite der Straße verführt die Wagenfahrer zu ihrer großzügigen Benutzung. Wären Spuren eingezeichnet – ob sie wohl beachtet würden? Auch wenn das Laubdach der Alleenbäume oben im ausgehenden Sommer immer noch dicht hält – dunkel unter den Kastanien ist es keineswegs. Denn der freie Himmel über der Straße leuchtet herein. Von ein paar Bäumen lässt er sich seine Helligkeit nicht wegnehmen.

Eine meiner liebsten Straßen in der Stadt ist der *Prospekt Nauky*, die Avenue der Wissenschaften. Den Abschnitt zwischen dem Botanischen Garten, in der Nähe meiner Wohnung, bis zum Platz des 23. August bin ich immer wieder gern gegangen, manchmal jeden Tag. Es war dieses Gefühl von Weite, von Größe, von Helligkeit, von einer anderen Dimension der Lebensverhältnisse. Ein Staunen kam über mich, etwas, was ich erst nach ein paar Gängen über den Prospekt vage benennen konnte: ein Gefühl stiller Freude, der Freude hier zu sein.

Ab der Metrostation Botanischer Garten steigt der Prospekt leicht an. Auf der rechten Seite stadtauswärts, weit von der Straße zurückgesetzt, reihen sich großformatige, breitgelagerte Baukörper aneinander, backsteinverkleidet oder verputzt, acht bis zehn Stockwerke hoch. Bauzeit 1950er Jahre, schätze ich, späte Stalin-Zeit. Es sind keine Wohnungen, wie ich zunächst wegen der vielen Fenster vermute, sondern sie wurden als Forschungsinstitute errichtet, für naturwissenschaftliche und technische Disziplinen. Daher der Name *Prospekt der Wissenschaften*. Die Schilder neben den Türen künden noch von ihrer ursprünglichen Nutzung, doch längst hängen neuere, größere darüber und daneben. Heutzutage sind Arztpraxen untergebracht, medizinische Laboratorien, aber auch Behörden und Firmen aller Art. Platz muss hier im Überfluss zur Verfügung stehen.

Auf dem gegenüberliegenden Trottoir, getrennt durch einen mäßigen Autoverkehr, sind Geschäfte, Cafés, Restaurants. Da auch hier die Häuser verschwenderischen Abstand zum Boulevard halten, bleibt vor den Lokalen reichlich Platz, draußen zu sitzen und seinen Kaffee unter den Kastanien zu trinken. Irgendein Stuhl, eine Bank ist immer frei.

Nach einer Viertelstunde vielleicht öffnet die Straße sich auf einen Platz, den Platz des 23.August. Schon von weitem leuchtet es hell von dort. Das Gelände ist so weit geschnitten, es scheint, als habe es auf seiner kleinen Anhöhe den Himmel für sich ganz allein. Und mitten darauf, überflutet von Licht, ein gigantischer Brocken aus schwarzem Metall, ein Trumm, das die Luft um sich staut. Die Figur eines Soldaten der Roten

Armee, jedes menschliche Maß ist gesprengt. Das ist ein Sieger, keine Frage. Der Krieger stürmt in seinen mannshohen Stiefeln so gewaltig voran, dass sich der Mantel hinter ihm bläht. Den rechten Arm hochgerissen reckt er sein Maschinengewehr dem Himmel entgegen.

Dieses Denkmal in Wohnblockgröße erinnert an den Zweiten Weltkrieg. Der 23.August des Jahres 1943 ist bis heute den Menschen in Charkiw als der „Tag der Befreiung" im Gedächtnis. An diesem Tag hatte die Sowjetarmee endgültig die deutsche Wehrmacht besiegt und aus der Stadt vertrieben. Dass diese Befreiung den Beginn einer nächsten Despotie bedeutete, wird deutlich am gelb-blauen Fahnentuch der Ukraine, das dem Sowjetsoldaten um den Lauf seines MGs nachträglich mit Klebeband befestigt worden ist. Da muss ein hoher Baukran geholfen haben. Ich stelle mir vor, dass die Fahnenweihe zwar bei Nacht und Nebel stattgefunden hat, aber von den Behörden keineswegs übersehen wurde. Doch die Flagge, späte nationale Vereinnahmung des Sieges von damals durch die Ukrainer, behauptet bis heute ihren Platz und flattert über dem Rotgardisten in der Luft.

Um das Kriegerdenkmal herum ist genug Platz gelassen, um den schwarzen Mann wirken zu lassen. Weit steht ihm der Himmel offen über seinem Helm, er schwimmt in Helligkeit, selbst unter einer Wolkendecke. Oft, wenn ich mich satt getrunken habe von all dem vielen Licht, setze ich mich auf eine der Bänke, die um das schwarze Kriegsmonstrum herum stehen, esse aus der Tüte eine Mohnschnecke, frisch vom Bäcker, wie in Kindertagen. Daneben die Mutter mit dem

Kinderwagen, während ihr kleiner Sohn versucht, den Sockel des Kriegsdenkmals zu erklettern. Oder das junge Mädchen mit dem hellblonden Pferdeschwanz, das sich ein Steinchen aus dem hochhackigen Schuh klopft. Oder die beiden Omas mit Kopftuch, die eine mit einem Strauß Astern in Zeitungspapier gewickelt, den sie gerade von einer anderen Oma erstanden hat, die neben der Metrostation ihre Gartenblumen verkauft. Oder der Geschäftsmann mittleren Alters mit gegeltem Scheitel, der per Mobiltelefon einen Termin erledigt, mit einem Stimmaufwand, als sollte auch der Rotgardist alles mitbekommen.

Von dort, wo der Platz sich in einen kleinen Park öffnet, weht Musik herüber. Wie so oft hier: Ein einzelner Musiker, meist ein alter, grauer Mann, im altmodischen Mantel, bläst in ein Tenorsaxofon, schlägt die Gitarre, zieht an einem Akkordeon, den Hut vor ihm – und entlockt seinem Instrument so einfallsreiche, schräge Paraphrasierungen, dass ich genauer hinschaue und schnell zu ihm rübergehe und ihm ein paar Münzen in den Hut werfe, damit er ja nicht so schnell aufhöre. (In die Musikbox muss man ja auch nachwerfen.)

Je nach Laune ziehe ich ein Buch aus der Tasche, doch meist lasse ich es stecken. Es regt sich einfach zu viel um mich. Manchmal bleibe ich mehr als eine Stunde auf der Bank sitzen, überlebe mehrere Generationen von Nachbarn, mit ihren unterschiedlichen Geräuschen, mein Zeitgefühl ist längst verloren, ausgesaugt vom schwarzen Monster, der mahnenden Erinnerung an Krieg und Sterben. Doch auch voll von Licht und Weite kehre ich irgendwann dann heim.

Zurück aber nehme ich nicht den direkten Weg über

den Prospekt Nauky. Gern erkunde ich das Gelände, das sich hinter dem Rücken der mächtigen Wissenschaftspaläste öffnet. Es ist ein lebendiges Wohngebiet. Hier forscht man nicht, hier wird gelebt. Mehrstöckige Wohnblocks, dazwischen unter hohen Bäumen ein Wirrwarr von Trampelpfaden, die zu allerlei interessanten Örtlichkeiten führen. Da ist ein Kiosk, eine kleine Kneipe, wo man gleich ein Bier trinken möchte, Lädchen, Werkstätten, eine Kinderkrippe, eine Schule, das Postamt in einem baufälligen Keller. Und dazwischen viel, viel leerer Platz. Bänke, Tische, Drähte für die Wäsche, Spielplätze für Kinder. Kein Halm Grünes mehr, alles niedergetreten, nur das trostlose Grau festgestampfter Erde. Aber überall sind Leute auf den Beinen, Zielstrebige wie Bummler. Die Bänke alle besetzt, von Rentnern, Jungen auf dem Weg von der Schule heim, ein Liebespaar - für einen Schwatz, eine Zigarette, einen heimlichen Kuss. Nein, gepflegt ist das alles hier nicht. Es wird achtlos gebraucht. Nirgends Rabatte mit Stiefmütterchen oder Primeln. Aber die Stimmung von Nachbarschaft nehme ich auf, von Ausspannen, die Welt mal einen guten Mann oder eine gute Frau sein lassen. Das gefällt mir schon gut hier, und mit erfrischtem Mut kehre ich jedes Mal von hier zurück zu meinen eigenen Dingen.

Guten Morgen!

Gleich am frühen Morgen mache ich in meinem Hotel einen kleinen Sprachtest. Es ist das „Mir" (Frieden) aus sowjetischen Tagen, weit genug zurückgesetzt vom breiten Prospekt Nauki. Den jungen Saaldiener im Foyer frage ich, was „Guten Morgen" heiße. Er schaut mich mit großen Augen an.

„Dobroje utro", sagt er, auf Russisch.

Vom Schalter aus dem Hintergrund ruft eine kräftige Frauenstimme herüber: „Dobrohu ranku, dobrohu ranku!" Das ist Ukrainisch.

Der Angestellte steht jetzt noch verwirrter da, wirkt überfordert von der Situation. Ich könne auch „Hello" sagen, meint er.

„Dobrohu ranku!" lässt die Stimme aus dem Hintergrund nicht locker.

Wem von beiden soll ich glauben?

Beiden natürlich.

Ich habe verstanden und mache mich auf den Weg ins Literaturmuseum der Stadt. Die alte Villa im Zentrum ist ein Hort der ukrainischen Literatur. Das Institut hat eine beißend böse Geschichte hinter sich, was in dem ehedem kommunistischen Herrschaftsgebiet allerdings keine Seltenheit ist. Das Institut ist selbst schon literaturwürdig.

1932 wurde es gegründet, als Sammelstelle aller ukrainischen Literatur seit dem 18. Jahrhundert. In diesen Jahren war Charkiw noch Hauptstadt der Ukraine innerhalb der sich formierenden Sowjetunion. Allerdings begannen in der Zeit auch die stalinistischen Säuberungsprozesse. Die frisch aufbereiteten Dokumente des Literaturmuseums konnten gleich vor Gericht als Beweismaterial gegen unliebsame Autoren genutzt werden. Angeklagt waren Schriftsteller aus der sozialistischen Aufbruchszeit zwischen 1920 und 1930. Inzwischen werden diese Opfer des Kommunismus hierzulande als „Erschossene Renaissance" bezeichnet und stehen in höchsten Ehren.

Diese schlimme Epoche, reich an den Wänden mit Schwarz-Weiß-Fotos der Zeit dokumentiert, gehört bis heute zu einem Sammlungsschwerpunkt des Hauses. Obwohl die ukrainische Sprache die zweitgrößte der Sowjetunion war, wurde sie seinerzeit von den kommunistischen Machthabern benachteiligt und bedrängt, wo immer es ging.

Irina, die Leiterin, begrüßt auf Russisch. Dann übernimmt eine junge Wissenschaftlerin die Führung. Sie hat die aktuelle Ausstellung über Hryhorij (Gregor) Skoworoda eingerichtet, den wichtigsten Philosophen des Landes aus dem 18. Jahrhundert. In vordigitaler liebenswerter Handarbeit sind Schrifttafeln und Vitrinen in drei, vier hohen Räumen der Villa aufgestellt, mit geringen Mitteln angefertigt. Die junge Frau entschuldigt sich bei Igor, dem Übersetzer, dass sie Ukrainisch spreche. Der zieht die Brauen in die Höhe. Den meisten Besuchern aus dem Westen ist das sowieso einerlei.

Am Ende der Führung nimmt Igor mich beiseite. Seine Augen leuchten: „Sie hat ein wunderbar reines Ukrainisch gesprochen!"

Für einen Außenstehenden hat diese Sprachenproblematik der Ukraine durchaus etwas Verstörendes (sofern er sie überhaupt wahrnimmt). Obwohl sie in die unscheinbarsten Situationen des Alltags einbricht, bin ich niemals auf eine schlüssige Erklärung gestoßen, auch bei den schreibenden Kollegen nicht. Es werden die widersprüchlichsten Beispiele angeführt, aus der Geschichte des Landes (je nach der Region, aus der der Gesprächspartner stammt), gefühlvolle Erinnerungen an die Großmutter, mit der zusammen die wunderschönen ukrainischen Volkslieder gesungen wurden, Reminiszenzen an Schul- und Universitätszeit.

Ich spüre: Da ist etwas ungeheuer Wichtiges, das sich mir Außenstehendem nicht erschließt und wohl auch nicht erklärt werden kann. Dieser Sprachenstreit löst sich, so scheint es mir, bei jedem Einzelnen auf in einen Schwebezustand des Fühlens und Meinens, und mit all meinem Fragen komme ich ihm niemals auf den Grund. Bis ich mir mit der Erklärung behalf: Genau dieses Schwebende macht die Problematik aus (und nicht nur in der Sprache), die dieses „Land auf der Grenze" seit Jahrhunderten in Atem hält und weiter halten wird, getrieben durch die groben Mühlen der jeweiligen Machtpolitik.

So intensiv ich auch überlege: Ein schlüssiger, vernünftiger Lösungsvorschlag fällt mir einfach nicht ein. Angesichts der Probleme könnte er sich nur lächerlich machen. Das endlos verschlungene Wurzelwerk des Tradierten, das über Generationen hinweg gelebte Leben, ist anzunehmen und auszuhalten. Und das gilt nicht nur für die Ukraine ...

Sumskaja

Die Sumskaja entspringt, wenn man das von einer Straße sagen will, am Verfassungsplatz, in dessen Umkreis
die ältesten Gebäude Charkiws stehen, in der Bautracht
des Barock: eine Handvoll Kirchen, Klöster, der frühere Gouverneurspalast. Auch hier dominiert die Raum-
fülle des „Wilden Feldes", wie der Landstrich von früh
an heißt. Es muss für die Baumeister dieser Zeit eine
Freude gewesen sein, hier ihre Gebäude verschwende-
risch verstreuen zu können. Und natürlich tragen auch
die weich geschwungenen Hügel über einer Niederung
des Flusses Lopan das Ihre dazu bei.

Jeder Bauherr hat eifersüchtig darauf geachtet, sich
nur ja nicht ein- oder anzupassen, und sein Gelände
ganz nach eigenem Gusto bestellt. Erst vor gut hundert
Jahren sind die enormen Lücken zwischen den Kirchen
mit mehrgeschossigen Geschäftshäusern und Banken
aufgefüllt worden, wuchtige, repräsentative Gebäude,
wie man sie um 1900 herum liebte. Doch nicht wenige
versteckten ihre Schwere bereits hinter köstlich ver-
spielten Fassaden des Jugendstils.

Hier, um diesen Verfassungsplatz herum, halten die
Charkiwer sich am liebsten auf. Auf diesem weiten Gelände ist man niemals allein. Vor allem auch, seitdem
dort neuerdings der geflügelte Genius der Ukraine
schwebt. Er balanciert auf der Erdkugel und hält den
Siegeskranz der Unabhängigkeit in die Lüfte, hoch über
dem Treiben zu seinen Füßen. Und an den Samstagen
kommt eine weitere Attraktion dazu. Dann ist der Platz
von riesigen Hochzeitsgesellschaften bevölkert. Blut-
junge Brautpaare stehen und warten, bis eines der his-

torischen Bauwerke frei wird als Hintergrund für das Foto von ihrem großen Tag. Ein Paar folgt dem anderen, im Fünfminutentakt. Bis zum späten Nachmittag dominieren feingemachte junge Menschen das Geläuf, und mittendrin, oft schwer auszumachen, die beiden Ehenovizen.

Die Laune der Leute ist prächtig. Die Bräutigame allerdings wirken manchmal schon erschöpft vom stundenlangen Stehen in der Kirche bei der Trauung, haben sich bereits die noble Joppe über die Schulter gehängt und lassen sich von ihren alten Kumpeln, die das alles noch vor sich haben, mit dem einen oder anderen Gläschen Wodka trösten über den Verlust ihrer jungmännlichen Freiheit. Den Bräuten, himmelschönen Madonnen, wird derweil noch das bodenlange weiße Gewand zurechtgezupft von Müttern, Schwestern, Omas, Tanten, Kusinen, Freundinnen, Nachbarinnen, Kolleginnen, als sollte es halten müssen bis zum Jüngsten Tag, und jede von ihnen hat noch einen letzten, ganz wichtigen Ratschlag für die Braut auf den Lippen.

Wenn man sich losreißt von dieser jungen, weltumarmenden Fröhlichkeit und die Sumskaja hochgeht, in nördlicher Richtung, steht einem bald ein gewaltiges Betonrechteck im Weg, das mächtige Opernhaus, ein Flachbau, ins Breite gestreckt. Der sowjetische Prototyp für Opern, der noch in weiteren Städten des Imperiums zur Ausführung kam. (So wie die beiden Wiener Architektur-Dioskuren Helmer und Fellner einst das Habsburger Reich Österreich-Ungarns mit ihren Theatern vollbauten, bis nach Czernowitz). Das Errichten der Oper hier soll mehr als zwei Jahrzehnte gedauert haben. Sie mag jetzt vielleicht ein halbes Jahrhun-

dert alt sein und ist doch schon mit dem antikisieren-
den Firnis von Wind und Wetter belegt. Der Bau kann
sich auch heute noch sehen lassen. Das ist ein Stück
brauchbarer moderner Architektur.

Direkt neben der Oper öffnet sich ein weitläufiger
Park, das Flanier-und Freizeitgelände der Stadt. Bei
meinen ersten Besuchen, kurz nach Entschlafen der
Sowjetunion, war der Park ein mobiles Kaufhaus *in fla-
granti*: Alte Menschen, die Ärmsten der Armen, hatten
eine Handvoll Zwiebeln vor sich hingelegt, ein Paar
ausgetretener Schuhe, zwei Bücher, eine Küchenwaa-
ge - alles, was sie für verkaufbar hielten. Dazwischen
die Pavillons für Eis und Getränke und ein paar Karaoke-Bars. In diesem Lärm der Hölle fühlten sich Trau-
ben junger Menschen wohl und träumten: einmal ein
„Star" zu sein, für dreieinhalb Minuten! Das sollte doch
ein Scheinchen wert sein, oder?

Der Krach aus den Karaoke-Bars dröhnte durch gan-
ze Partien des Parks, bis hin zum Standbild von Taras
Schewtschenko, in dröhnend schweigendem Erz. Der
Erz- und Urdichter aller Ukrainer.

Mittlerweile hat dieser Park sich vollkommen verändert. Er ist fein geworden. Kein Karaoke-Hämmern
mehr, keine fliegenden Händler, keine Spuren von Armut. Großzügig geschnittene Bassins, mit Wassergir-
landen und Lichtspielen à la Versailles, wenn es dunkel
wird. Und Denkmäler, neuesten Datums, ohne Zahl.
Ausgesprochen übermöbliert wirkt der Park: populä-
re Volksschauspieler, postum in Erz gegossen, stehen
neben Operndiven und Schlagerstars von einst. Und,
in schlichter Schönheit, prangt auf einem Betonsockel
zwischen Primelrabatten ein Fußball, in seiner Kugel-

runde in sich ruhend wie Buddha mit seinem dicken Bauch, golden glänzend angestrichen.

Trotz aller etwas angestrengten Volkstümlichkeit ist und bleibt das Denkmal des Taras Schewtschenko nach wie vor das Herz des Parks. Hochragend und weithin sichtbar steht er da, der Nationaldichter der Ukraine, von platzgreifender Wucht, ständig umlagert, und durchaus nicht nur von Schulklassen aus dem ganzen Land. Für die Menschen der Stadt ist das Monument ein unverfehlbarer Treffpunkt für ein Rendez-vous. 1935 ist es errichtet worden, als in Moskau Stalins Prozess-Inszenierungen abliefen, nach einem Libretto des Irrsinns, dem viele ukrainische Intellektuelle, gerade auch aus Charkiw, zum Opfer fielen. Der Blutzoll war enorm. Sollte dieses Denkmal vielleicht ein Trost sein für das geschundene Land?

Schewtschenko ist *der* Dichter der Ukraine, bis heute. Was in Italien Dantes „Divina Commedia" und in Griechenland Homer, was den Franzosen Corneille und Racine, den Polen Mickiewiczs' Epos „Pan Tadeusz" und für uns Deutsche der „Faust" (einstmals wenigstens), das bedeutet in der Ukraine Schewtschenkos „Der Kobsar". Diese Sammlung von Gedichten und Liedern ist 1840 erstmals erschienen. Und dieses Liederbuch ist, anders als es vielleicht den poetischen Urahnen in den westlicheren Gefilden des Kontinents ergangen ist – seither ununterbrochen das mit Abstand wirkungsmächtigste Stück Literatur in ukrainischer Sprache geblieben. Ich habe den Eindruck, es gilt bis heute als verbindlich. Jeder Autor dieser Sprache, ob jung oder alt, wird von seinem Publikum dem Lackmustest „Schewtschenko" unterworfen. So oder so muss er Farbe bekennen.

Und nicht nur hier an der Sumskaja steht Taras Schewtschenko an prominenter Stelle im Weichbild der Stadt Charkiw seinen Mann. Und wenn nicht gleich als Denkmal – als Namensgeber ist er überall im ganzen Land präsent, ob für Straße, Schule, Kulturpalast oder Kino. So gut wie alle Standbilder sind natürlich erst nach 1990 entstanden. Nicht alle sind sie geglückt, und nicht jedes passt in seine Umgebung.

Mit einschüchternder Großdichter-Gebärde steht er leibhaftig da und schaut über das Weite hin. Nicht zuletzt ist Schewtschenko das in Erz gegossene Symbol für die Eigenständigkeit des Landes – sprachlich, kulturell, national - gegenüber dem dominanten Einfluss des östlichen Nachbarn Russland.

Volksvergnügen

In die Landschaft um Charkiw sind viele Täler hinein-
geschnitten. Die meisten sind natürlich zubetoniert
von Straßen und Häusern (die Stadt ist schließlich für
anderthalb Millionen Menschen eingerichtet), und der
flüchtige Benutzer nimmt sie kaum wahr, der auto-
mobile schon gar nicht. Doch an ein paar Stellen, gar
nicht so wenigen, sind die Naturgegebenheiten ihrer
Domestizierung entgangen.

Auf einem meiner ersten Erkundungsgänge führt
eine Seitenstraße abwärts, ein breiter Fußweg eher.
Das Gefälle ist auffällig steil, und die Menschen, die
hier abbiegen in großer Zahl, machen mich neugierig.
Immer mehr Fußgänger sind auf einmal um mich herum. Da unten muss sich ja wohl ein lohnendes Ziel befinden. Ich lasse mich mitnehmen von den entschlos-
senen Schritten abwärts, ich kann fast gar nicht mehr
anders. Jetzt fallen mir die leeren Taschen auf, die die
Menschen bei sich tragen, und andere kommen mir
entgegen, bergan, schweren Schrittes und schwer be-
laden. Eine Tasche, meistens zwei in beiden Händen,
prallvoll mit Flaschen. Oder sie schleppen Kanister,
große, aus Plastik: gefüllt mit Wasser. Was soll es denn
sonst sein? Während die einen unbelastet talwärts
streben, tun es sich die aufwärts Gehenden sichtbar
schwer. Die Kanister ziehen zu Boden, Wasser hat sein
Gewicht. Alte Menschen, die ihre Last hin und wieder
absetzen müssen, und sich selbst gleich mit dazu auf
dem Bordstein niederlassen, um neue Kraft zu schöp-
fen. Auch manchem Jüngeren geht sichtbar die Puste
aus. Stramme Ehepaare sind unterwegs, beide bepackt,

Jugendliche, die sogar jetzt noch einen Laufschritt zustande bringen.

Ob alt oder jung, alle schleppen sie Wasser nach oben. Dann endlich weiß auch der Arglose, der sich hierher verirrt hat, Bescheid: Unten, auf der Sohle des Tals, befinden sich also wieder die Quellen, für die Charkiw gerühmt wird. Die Bewohner der Stadt holen sich ihre Vorräte an frischem Wasser.

Wenige Minuten nur noch bergab, und der Talgrund ist erreicht. Ich stehe in einem Wald, zwischen hohen, alten Laubbäumen. Und in einem Gedränge von Hunderten von Menschen. Die vereinzelten Wasserschlepper, die mich hierher lockten, haben sich sofort aufgelöst, sind verschluckt in der Masse. Denn hier sprudelt nicht nur frisches Wasser aus dem Erdreich. Der Park Sarchin Yar ist zugleich ein gewaltiges Freizeitgelände für die Großstädter. Die Metrostation im dichten Stadtbereich ist nah. Und heute ist Sonntag, bei herrlichstem Spätsommerwetter. Es ist noch einmal richtig heiß geworden.

Ich tauche ein in den Wald von Sarchin Yar, der die Naturkulisse für ein Volksvergnügen größten Ausmaßes bildet. Vom Kleinkind bis zum Greis wird für jeden etwas geboten. Spielplätze mit allen möglichen Geräten zum Klettern, zum Schwingen und Schaukeln, Becken zum Tauchen und Wassertreten, Sonnenwiesen, Plätze fürs familiäre Picknick, Buden für Eis, Süßigkeiten, Getränke (außer Alkohol). Und alles reichlich genutzt, mit erheblichen Warteschlangen. Zu Seiten des schmalen Baches, der das Tal durchzieht, verlaufen sich die Menschen. Überall gibt es auch genügend Ausruhmöglichkeit für Einzelne oder für zwei, drei Personen, die sich aus dem Trubel zurückziehen wollen und für sich sein können, geschickt platziert, im Schatten unter hohen Bäumen oder im prallen Licht für Sonnenhungrige. An einen jeden ist gedacht.

Hauptattraktion für die vielen ist der Forellenteich, in dem Hunderte ausgesetzter Fische sich drängen. Die Angler darum herum, in dichten Reihen, Erwachsene wie Kinder, Frauen in Stöckelschuhen, die sich das Abendbrot besorgen. Und reichlich Kiebitze. Denn es gibt viel zu sehen. Fast im Minutentakt zappelt ein Fisch in der Luft und wird in den mitgebrachten Eimer geworfen. Manches Ungeschick zeigt sich beim Lösen des Hakens aus dem Maul der Forelle und ist zu kommentieren. Ein böses Spiel, an dem die umstehenden Gaffer sich nicht sattsehen können, auch ich nicht.

Als ich mich dann doch losreißen kann und weitergehe, sehe ich oben auf der Talhöhe eine kleine Holzkirche stehen, eher eine Kapelle, deren goldene Kuppeln das Volksvergnügen unten überstrahlen. Eine lange steile Treppe mit unzählbar vielen Stufen führt den Abhang hoch. Der Hof der Kirche voller wartender Menschen in Festtagsgewändern, besonders die Frauen haben sich schön herausgeputzt.

Da treten sie aus der Kirche, heraus ins volle Licht der mittäglichen Sonne, die beiden Brautleute, blutjung und frisch vom Friseur. Über ihnen läuten die Glocken, lange. Braut und Bräutigam halten eine Ikone in Händen, mit einer weißen Stola behängt. Ihm fällt das Dauerlächeln sichtbar schwerer als ihr. Die beiden professionellen Fotografen schon voll in Aktion. Sie drapieren die Verwandtschaft und die Nachbarn und lassen sie nach ihrer Pfeife erstarren. Im Abstand dazu die

Hobby-Fotografen der Familien. Als die beiden Profis genug im Kasten haben und ihre zahlreichen Fotoapparate in die Rucksäcke verstauen und zum nächsten Termin weitereilen, ist auch die Hochzeit beendet, hier im Kirchhof jedenfalls.

So viel gute Ruhe hier auf einmal. Ich habe die kleine Kirche für mich allein. Alles ist nagelneu, wie auch anders, bei der Geschichte dieses Landes: die lackierten Rundbalken aus Holz, die Deckenmalereien, wohl auch die Ikonen, mit denen die Wände dicht bei dicht tapeziert sind. Alles riecht neu. Nach Materie. Nicht nach Geist. Der Duft der vielen dünnen Wachskerzen hat hier noch nicht das Gebälk imprägnieren können.

Ob Jahrzehnte dafür reichen? Und welche Gottheit mag dann angebetet werden?

Platz der Freiheit

Es fügt sich eins ins andere: Du trittst aus dem neu möblierten Schewtschenko-Park, und vor dir öffnet sich ein Platz von ungeheurer Größe und geradezu wüster Leere - der Platz der Freiheit. Nicht weniger als zwölf Hektar misst er. Manches Weizenfeld könnte da blühen und Frucht tragen, mehrere Fußballplätze bespielt werden. Jeder Bewohner dieser Stadt – ob müde dahin schlurfende Babuschka im Kopftuch, angetrunkener Eckensteher oder smarter *Bisnismen* gegelten Schopfes -, keiner von ihnen versäumt den Hinweis, dieser Platz sei der allergrößte auf der ganzen Welt. Mit Sicherheit ist er der leerste, den ich jemals sah. In sowjetischer Zeit am Reißbrett entworfen und mit einer Lenin-Statue besiegelt.

Seit dem Ende des Kommunismus und der sowjetrussischen Herrschaft heißt die gepflasterte Wüste „Platz der Freiheit", und Lenin stemmt längst nicht mehr seinen massigen nackten Schädel einer Freiheit entgegen, die er sehr anders sah und wollte.

An der Stirnseite des Freiheitsplatzes steht eine der großartigsten Architekturen in Osteuropa. Durch die alles aufsaugende Weitläufigkeit des Platzes ist dieser gewaltige Baukomplex des „Dershprom" um einen Teil seiner Wirkungsmöglichkeit gebracht. Wäre er in New York hochgezogen worden oder in Chicago, würde wohl jeder Bildband moderner Baukunst sich damit schmücken. Es ist sicher nicht zu viel behauptet, das Hochhaus-Ensemble des Dershprom für eines der gelungensten Architekturen des frühen zwanzigsten Jahrhunderts zu halten.

In gerade mal vier Jahren, zwischen 1925 und 1928, sind die neun Geschosstürme errichtet worden, auf einer Grundfläche von sechzigtausend Quadratmetern, als erster Stahlbetonbau der sich gerade formierenden Sowjetunion. Es reißt mich jedes Mal wieder hin, wenn ich vor diesem Bauwerk stehe.

Wie es die drei Architekten aus Leningrad geschafft haben, diese enorme Baumasse zu strukturieren: die sechs bis dreizehn Stockwerke hohen neun Türme zu gliedern, bis zu siebzig Meter hoch und alle miteinander verbunden, das ist eine technische Meisterleistung allerersten Ranges. Nirgendwo ein blinder Winkel oder eine leblose Fassade.

Architektonisch waren die zwanziger Jahre des vergangenen Jahrhunderts überhaupt Charkiws beste Zeit. Davon zehren die Menschen bis heute. Von 1919 bis 1934 war hier die Hauptstadt der Sowjetukraine, ehe diese Funktion an Kiew überging. Damals kam der Dershprom-Komlex in die Welt und, gleich nebenan, die Universität. Denn rasch musste Raum geschaffen werden für Regierung und Verwaltung, und auch an anderen Stellen der Stadt entstanden Gebäude, die zu den Inkunabeln konstruktivistischer Architektur gehören. Sie allein lohnen schon eine Reise nach Charkiw: die Hauptpost von 1929, in Form eines Schiffes, oder der Kulturpalast der Eisenbahner (1927 - 1932), dessen gerippte Eingangsfront den Kanneluren einer aufgefalteten ägyptischen Tempelsäule nachempfunden scheint.

Doch die Zeit für solch überraschend kühne Architektur, streng funktional und zugleich von hoher ästhetischer Qualität, weit über die Epoche hinaus, blieb knapp bemessen. Schon ab 1930 wurde aus Moskau die radikale Kehrtwende verordnet: hin zu einer klassizistischen, im Ornamentalen sich austobenden Renommierbauweise. Als „Zuckerbäckerstil" Stalins ist sie im ganzen Sowjet-Imperium baumächtig geworden, bis in die 1950er Jahre hinein, mit westlichen Ausläufern in Warschau zum Beispiel, mit dem „Volkspalast", oder in Berlin die Stalin-, heute Karl-Marx-Allee. Mittlerweile mag auch dieser Stil einen nostalgischen Reiz gewonnen haben. Doch wenn man in Charkiw sieht, was Stalins Zuckerbäckereien dereinst verdrängten an sachlich-schöner Modernität, möchte man still ein Krüglein Tränen weinen.

Aresklänge

Ukrainische Volksmusik, von einer Gruppe aus Kiew, die zurzeit sehr populär sei im Land: Diese Musik heute Abend in der Philharmonie müsse ich mir unbedingt anhören, drängen mich Ola und Ihor, zwei junge Mitarbeiter des Literaturmuseums von Charkiw. Eher aus Höflichkeit als aus unbändigem Interesse sage ich zu.

Die Philharmonie liegt ein paar Schritte neben dem mächtigen Opernhaus, mit dem das sowjetische Imperium in der zweiten Hälfte des 20.Jahrhunderts die Stadt beschenkt hat. Dagegen nimmt die Philharmonie sich bescheiden aus, doch klein ist der Konzertsaal auch nicht gerade. Die Menschen strömen, der Raum ist rasch gefüllt, auch die Ränge oben dicht besetzt. „Kosakenchor" heißt das Ensemble aus der Hauptstadt, und ukrainische Lieder aus der Revolutionszeit sind auf dem Programmzettel angekündigt. Mit „Revolutionszeit" sind die Jahre unmittelbar nach dem Ersten Weltkrieg gemeint, 1917/18, als das Land Ukraine erstmals zu einer staatlichen Form gefunden hatte. Bis es nach kurzer Frist von der sich formierenden Sowjetunion einverleibt wurde und für Jahrzehnte im roten Imperium bis zur Unkenntlichkeit verschwand, nach außen hin jedenfalls.

Diese wenigen souveränen Monate von 1917 leben bis heute im Bewusstsein der Menschen hier weiter als die Heldenepoche des großen nationalen Aufbruchs.

Gerade auch jetzt wieder, nach 2015, in der aktuellen politischen Situation, im Krieg mit dem dominierenden Großen Bruder jenseits der Grenze, nur sechzig Kilometer von Charkiw, ist diese Zeit den Menschen wieder nahe gerückt, und es ist zu spüren, wie sehr sie sich an die Erinnerung klammern, mochte das Geschehen damals auch noch so tragisch enden. Als Außenstehender erlebe ich den Schmerz, der in den Menschen sitzt, durchaus nicht als eine romantisch sentimentale Tändelei. Er ist echt, mit Händen zu greifen, über alle politischen Gräben hinweg.

Acht Musiker haben sich inzwischen auf der Bühne vorne locker aufgereiht, die Männer in schwarzen Hemden und Hosen, die beiden Frauen in langen weißen Kleidern. Statt greller Kostümierung sticht mir etwas anderes ins Auge. Es ist dieser tiefe Ernst, der ihnen allen in die Gesichter geschrieben steht. Kein Lächeln auf ihren Lippen, keinerlei Gute-Laune-Impuls geht von ihnen aus. Es ist noch kein Ton erklungen, da ist es schon klar: Nein, diese Musiker hier wollen das Publikum nicht in eine fröhliche Stimmung versetzen. Die wollen hier keine CDs verkaufen. Denen geht es um etwas anderes.

Worum, das weiß ich noch nicht. Am ehesten muss ich an eine Beerdigung denken. Doch Trauer ist es auch nicht, was die Gesichter ausdrücken. Entschlossenheit – das trifft es am ehesten. Ihr Anblick, zumal auf einer Musikbühne, befremdet mich, macht mich hilflos. Dafür fehlt mir jede Erfahrung.

Zwei unscheinbare Männer, in Alltagskleidung, aufgekrempelte Ärmel, kommen auf die Bühne, treten ans Mikrofon. Erst redet der eine, dann der andere. Eile haben beide nicht. Anhaltender Applaus. Dann endlich haben die Musiker das Feld für sich. Der erste Sänger rückt sich das Mikrofon zurecht und - nein. Er singt nicht. Er redet. Das Wort, das immer wieder fällt, ist *svoboda*, Freiheit. Ausführlich erläutert der Musiker das Programm. Wie lange wartet das Publikum hier schon auf den ersten Ton?

Jetzt! Eine markige Melodie, von markigen Stimmen vorgetragen, aus vollem Hals. Auch die beiden Sängerinnen halten mit. Das Publikum ist aufgestanden, der ganze Saal, da bleibt keiner sitzen. Erleichtert lasse ich mich danach mit den anderen wieder in den Sitz fallen. Das ganze Konzert werde ich zum Glück also nicht stehen müssen. Doch zwei-, dreimal erhebt sich der Saal nochmals, es wird auch kräftig mitgesungen. Der Applaus nach jedem Lied ist heftig, dem forschen Klang der Musik angemessen.

Einen Kammerton werde ich heute Abend nicht erwarten dürfen. Es sind durchweg zackige, stramme Lieder, gut zum Wandern - oder zum Marschieren. So muss es in Zeiten einer Revolution wohl klingen. Ich bin nicht traurig, keine erlebt zu haben. Ein ästhetisches Vergnügen jedenfalls ist mir wohl kaum entgangen. Die Lateiner hatten, wie meistens, schon recht: Wenn die Waffen sprechen, schweigen die Musen.

Meine Gefühle während dieses Konzerts kann ich nicht anders als befremdet umschreiben, und anfangs mokiere ich mich auch noch ein bisschen. Natürlich zeige ich das nicht, schon wegen Ola und Ihor, die mich zum Besuch dieses Konzerts mit begeisterten Worten aufgefordert hatten. Jetzt sitzen wir Seite an Seite, und die beiden jungen Ukrainer neben mir glühen. Ihre emotionale Zustimmung ist so deutlich, dass ich sie damit nicht allein lassen möchte. Ola flüstere ich schon mal eine anerkennende Bemerkung über diese oder jene Melodie ins Ohr.

Eine Unterbrechung. Der führende Sänger reißt bei einer seiner wortreichen Moderationen die Stimme noch weiter nach oben und weist mit ausladender großer Gebärde ins Publikum. Hinten im Saal halten zwei Zuhörer eine riesige Fahne in den gelbblauen Landesfarben hoch, über eine halbe Sitzreihe hinweg. Sofort verschwinden die beiden Sängerinnen in die Kulisse und kommen ihrerseits mit der ukrainischen Standarte auf die Bühne zurück, und dort bleibt sie auch, während des ganzen Konzerts.

Es ist zu Ende. Der Applaus, passend zur Musik, gerät donnernd. Aber es scheint mir weniger der Dank an die Interpreten zu sein, oder Bewunderung für ihre Sangeskunst. Es geht um anderes. Es geht um mehr. Diese Lieder eben haben etwas zwischen Sängern und Zuhörern gestiftet, ein Eins-Sein, das in der Nationalfahne sein Symbol gefunden hat. An diesem Abend hat sich hier im Saal eine Kraft aufgebaut, ein ausgesprochen starker gemeinsamer Wunsch und Wille steht im Raum, durchaus keine hysterische Massenpsychose. Da ist, in aller Verhaltenheit, eine Leidenschaft entfacht worden, der auch ich mich als nicht Betroffener schwer entziehen kann.

Ich spüre eine Lebensenergie, die mir unbekannt ist. Ich weiß nicht, wie damit umzugehen sei. Sofort reflexartig zurück ins Schneckenhaus zu kriechen, wenn es um Nationales geht, mag ich schon lange nicht mehr. Auch die spöttische Distanz zu Beginn des Konzerts ist mir bereits eine ganze Weile abhandengekommen. Mitzuerleben, wie sich über Musik und Worte Emotionen in Menschen aufbauen - angesichts dieses lebendig gewordenen Gemeinschaftsgeistes hätte ich mich vor mir selbst genieren müssen, wenn ich mich davor wieder versteckt hätte im anti-nationalen Ressentiment, das mir in Nachkriegs-Deutschland anerzogen wurde (aus guten, vielmehr schlimmen Gründen), und das ich fast mein ganzes Leben mit mir herumgetragen habe als mein zweites Ich. Dieses erlittene Defizit spüre ich schmerzlich in dieser Stunde, und beim Anstehen bei der Garderobe kommt mir der Gedanke: Eine Seelenregung zu unterdrücken, so unliebsam sie einem sein mag, ist eine hochriskante seelische Operation. Die Seele rächt sich dafür, und immer auf das Unerwartetste.

Am Ausgang der Philharmonie warten Ola und Ihor auf mich. Eng eingezwängt zwischen all diesen aufgeladenen Menschen, schieben sie sich von der Seite an mich heran, die blassen Gesichter sichtbar gerötet. Beide sind sie, wie viele Junge hier, schüchtern im Umgang mit Ausländern, und mit ihrem Englisch kommen sie auch nicht weit. Doch sie wollten nicht gehen, ohne mir noch rasch die nächste Metro-Station zu nennen.

Wir treten ins Freie, ziehen die erfrischende Luft des Spätsommerabends tief in unsere Lungen. Natürlich gestehe ich ihnen: Bei allem Respekt sei mir als Deutschem dieser Abend schon ziemlich fremd geblieben. Ola versteht sofort. Die Deutschen sind ja schließlich weltweit bekannt dafür, dass sie mit dem Nationalen so ihre Mühe haben – sie selbst und andere. Aber sie möchte mir auch etwas erklären. Schließlich waren sie es ja, die mir das Konzert so eindringlich ans Herz gelegt hatten.

„Diese Revolutionslieder von eben sind hundert Jahre alt", sagt Ola, „und wir können sie heute genauso singen wie damals. Wir stehen wieder mitten im selben Krieg."

Dann werden wir drei auseinandergedrängt und verlieren uns für diesen Abend. Schade. Es wäre noch viel zu reden gewesen zwischen Ola und Ihor und mir. Über unsere nationalen Stärken, über unsere nationalen Defizite.

Studentenstadt, mit zwei Zungen

Schon in der Zarenzeit war Charkiw eine Metropole der Bildung. Deshalb ist es eine junge Stadt. Mehrere Hunderttausend Studenten leben hier und besuchen die etwa achtzig Universitäten und Hochschulen.

1805 bereits wurde die Universität gegründet, die dritte im russischen Reich. Jede nur denkbare Spielart von Ingenieurswesen kann bis heute in der Stadt studiert werden seit sowjetischen Zeiten, als Charkiw die Technologieschmiede des ganzen Imperiums war. Die Produktion von Flugzeugen gehört immer noch zu den attraktivsten Branchen, die die Stadt zu bieten hat. Dazu die Fertigung von Turbinen, Traktoren, Panzern – begehrte Exportartikel nach wie vor.

Alte Bürger der Stadt sind bis heute stolz darauf, dass in ihrer Stadt der legendäre Panzer *T-34* der Roten Armee in Massenproduktion vom Band ging. Und nicht nur die Veteranen sind davon überzeugt, er habe die Entscheidung im Zweiten Weltkrieg gebracht, auf dem Boden jedenfalls. Der *T-34* war einfacher gebaut als *Tiger* und *Panther* der deutschen Wehrmacht, aber dafür wesentlich robuster. An mehreren Stellen in der Stadt steht dieser Panzer auch auf einen Sockel gehoben, als Denkmal seiner selbst. Ein gedrungenes, monströs hässliches Fossil, das einstmals – bald drei Generationen sind vergangen – Weltgeschichte geschrieben hat mit seinen Ketten in Matsch und Schnee.

Pedro, den ich nach Jahren wiedersehe, hat inzwischen seine Promotion abgeschlossen, wenn auch nicht in einem so profitablen Bereich wie der Waffentechnik. Er ist Philosoph. Mit seiner Arbeit über den deutschen Idealismus (hauptsächlich Johann Gottlieb Fichte) hat er sich immerhin eine Stelle am Lehrstuhl ergattert. Die geisteswissenschaftliche Fakultät mit ihren „Orchideenfächer" ist am „Platz der Freiheit" untergebracht, in der Karazin-Universität, neben dem Dershprom. Wenn Pedro das Gehalt auch nicht zum Leben reicht, ist er glücklich darüber und stolz. Übersetzungen aus dem Deutschen halten ihn über Wasser. In den Schoß gefallen ist ihm die Anstellung an der Uni nicht.

„Ich musste meine Dissertation erst vom Russischen ins Ukrainische umschreiben, und die früheren Aufsätze auch. Sonst hätte es nicht geklappt."

Pedros Fall ist nur einer von vielen, der mich in diesem Land in Verlegenheit stürzt, fast jeden Tag. Es gibt kein Entrinnen. Schon mit dem ersten Wort, das man hier sagt, sitzt man in der Klemme. Nenne ich die Stadt Charkiw, nach dem offiziellen Gebrauch des 1991 gegründeten Staates Ukraine, oder verwende ich das frühere russische Charkow, wie bis heute der weitaus größere Teil der Bevölkerung? Was immer man sagt: Irgendeiner nimmt Anstoß daran, augenzwinkernd scherzhaft, aber auch erregt, manchmal zornig.

„Na hören Sie mal! Natürlich heißt diese Stadt Charkow", stellt die Erzählerin Witalina L. temperamentvoll fest. „Ich habe hier meine Kindheit verbracht, mein ganzes Leben. Und jetzt soll ich Charkiw sagen?" Angriffslust in ihrer Stimme, ohne dass ihr hochbraug hingetupftes Oxford English das mindeste darunter leiden müsste. Diese ganze verordnete ukrainische Volkstümelei seit dreißig Jahren sei ihr zuwider. Und ihre Bücher schreibe sie weiter auf Russisch, basta! „Im Westen des Landes, in Lemberg, da mag das anders sein. Meinetwegen. Aber hier, bei uns, in Charkow, fünfzig Kilometer von der russischen Grenze. Ich bitte Sie!"

Wirklich sind in der Westukraine die Akzente deutlich anders gesetzt. Hier dürfte der Anteil der ukrainisch sprechenden Bevölkerung sich mit dem der russischsprachigen die Waage halten. Allerdings ist Vorsicht geboten. Die Zahlen schwanken erheblich, je nach Gesprächspartner. Der Stadtname Lwiw jedenfalls ist in Lemberg unangefochten durchgesetzt. Das russische Lwow oder gar das polnische Lwów hörte ich nirgends. Selbst wenn einem in Deutsch geführter Unterhaltung der Name Lemberg herausrutscht, kann das Gespräch für einen Wimpernschlag stocken. Der Grund ist hauchdünn, auf dem man sich bewegt, sobald es um die beiden Sprachen geht, die in dem Land gesprochen werden. Für einen, der von außen kommt, sind all die haarfeinen Verästelungen kaum zu überschauen. Zu durchschauen erst recht nicht.

Jeder Schriftsteller hier ist einer Zerreißprobe ausgesetzt, ob er es will oder nicht. Die Folgen für jeden einzelnen Kollegen reichen weit. Den ukrainischen Autoren ist eine Verantwortung auf die Schultern gepackt, von der man sich andernorts kaum eine Vorstellung macht.

Wer sich als Autor für Ukrainisch entscheidet, nimmt natürlich Nachteile bei der Verbreitung seines Werks in Kauf. Er verzichtet von vornherein auf die Leserschaft im benachbarten Russland. Und auch in andere Sprachen ist der Transfer erheblich behindert. Die Zahl qualifizierter Übersetzer aus dem Ukrainischen reicht immer noch bei weitem nicht aus. Dennoch haben sich gerade jüngere Autoren für diese Sprache entschieden: Juri Andruchowytsch aus Iwano-Frankiwsk (Westukraine) oder Serhiy Zhadan aus Charkiw. Sie kämpfen um den Bestand ihrer Muttersprache und wollen sie literarisch lebendig erhalten.

Für die Autoren heute ist es ein Punkt der Ehre, damit auch anzuschließen an Taras Schewtschenko, den Urvater ihrer Literatur. Er war der erste, der für seine Lieder, zum größten Teil in zaristischen Gefängnissen und Lagern verfasst, die Sprache seiner Heimat benutzte – anders als Mykola Hohol etwa, aus Poltawa, den wir als Nikolaj Gogol kennen und der das Russische für seine Literatur nicht aufgeben mochte, die Sprache des politisch und kulturell dominierenden Nachbarn, seiner Oberschicht.

Auch heute ist die Konkurrenz des Ukrainischen erheblich. Der Anteil von Russisch in der Sprache der Werbung, der Jugend- und Massenkultur ist ebenso wenig zu übersehen wie die Anzahl russischer Titel auf dem Buchmarkt.

Doch in den letzten Jahren scheint sich in der ukrainischen Literatur das Blatt gewendet zu haben, natürlich zuerst bei den jüngeren Autoren. Es hat sich hier ein neues literarisches Milieu herausgebildet, dem gerade auch ein blutjunges Publikum zuläuft. Die Säle bei Lesungen sind rappelvoll, zumal jetzt, in den Zeiten des Kriegs. Das hat etwas Hinreißendes für einen Autor, der aus den vergnügungssüchtigen westlicheren Gefilden kommt. Natürlich wird dabei auch eifrig Geld gesammelt für die Soldaten an der Front – es sind ja ihre Verwandten, Freunde, ehemaligen Schul- und Studienkameraden. Nie vielleicht waren die Menschen dieses Landes einander so nah. Ein Jammer nur, dass dafür Kriege notwendig sind.

Larissa, Mitte Vierzig, ist in der Verwaltung der Stadt Charkiw angestellt, im Kulturamt. Darüber haben wir uns kennen gelernt. Es hat eine ganze Weile gedauert, bis wir das Berufliche hinter uns lassen konnten und sie sich mir Fremdem geöffnet hat. Natürlich war ich neugierig auf ihre Meinung zu dem Verhältnis der Sprachen in ihrem Land. Mehrere Begegnungen über Jahre hinweg sind nötig gewesen, bis so viel Vertrauen hergestellt war, dass die nationale Vorsicht sich lösen konnte (die doch in jedem von uns steckt, tief genug).

Larissa ist mit Ukrainisch groß geworden, bei ihrer Großmutter auf dem Land. Sie liebt die Sprache über alles. Die Lieder, die ihr die Oma vorgesungen und beigebracht habe, singe sie heute noch, und jedes Mal kämen ihr die Tränen dabei. Es seien die schönsten Lieder der Welt. Damals habe sie selbstverständlich gar nicht gewusst, dass das Ukrainisch war, was sie da mit ihrer Babuschka trällerte. Mühelos schaltete sie im russischsprachigen Elternhaus auf die andere Sprache um, als Kind, ganz natürlich. Darin habe sie nie ein Problem gesehen.

„Und heute soll ich mir vorschreiben lassen, in welcher Sprache ich rede und denke und träume? Ich mag mich nicht entscheiden. Wofür? Wogegen? Es ist doch ein Reichtum, wenn man zwei Sprachen nebeneinander spricht. Soll ich mich denn ärmer machen, als ich bin?" Larissa schaut mich so ratlos an aus ihren großen hellgrauen Augen, als könnte ich ihr einen Rat geben.

Und immer wieder diese Weite

Die Ukraine, dieses mächtige Stück Land zwischen Polen und Russland, in dem sich die Einfluss-Sphären von lateinischem Westen und orthodoxem Osten mischen, trägt sein Schicksal ja bereits im Namen: „Land der Grenze". Eine Grenze von enormer räumlicher Ausdehnung allerdings. Der zweitgrößte Flächenstaat Europas, nach Russland, dem Nachbarn im Osten.

Je weiter man in den Osten unseres Kontinents vordringt, umso spürbarer entzerrt sich die Enge menschlichen Zusammenlebens. Die Menschen, die hier ihre Städte anlegten, besonders jenseits des Dnipro (Dnepr), in altem Kosakenland - diese Gründer hatten Platz. Verschwendungsfroh schöpften sie aus dem Vollen. Wenn man durch die Straßen von Charkiw geht, einer Stadt mit anderthalb Millionen Einwohnern, nicht weit von der russischen Grenze entfernt: Vor 350 Jahren für ein paar Pferdekutschen in die Steppe geschnitten, wirken die mehrspurigen Betonbänder heute, als seien sie für den automobilen Verkehr kommender Jahrhunderte berechnet gewesen. Eine futuristisch inspirierte Voraus-Projektion – oder die schiere Lust am Überfluss?

Und diese Bordsteine erst! Siebenmeilenstiefel wünschte man sich, um ihrer stolzen Höhe gewachsen zu sein. Bei jedem Schritt hinauf oder herab muss das weiter westlich geeichte Geh-Werkzeug sich vor-sehen. Sonst bleibt es auf halber Höhe hängen, und man rudert in der Luft ums Gleichgewicht. Besonders hart bestraft wird Unachtsamkeit bei Regen, wenn binnen Minuten zwischen Trottoir und Fahrdamm breite Wasserlachen entstehen. Da hilft auch Springen nichts. Die muss man umlaufen. Weit.

Ob bei Sonne oder im Regen: Dem Himmel ist immer reichlich Raum gelassen über diesen Straßen. So mancher klassizistische Palast aus dem neunzehnten Jahrhundert hat sich hier erhalten, breitet sich ins feingliedrig langgestreckte Flache. Ebenerdig, allenfalls ein Stockwerk darauf – mitten im Herzen einer Millionenstadt. Heute mag darin eine Bierschwemme dröhnen, oder weizenblonde Verkäuferinnen stehen abwesenden Blicks auf ellenhohem Bleistiftstahl zwischen Bergen von Jeans und Baumwollhemdchen. Seit der geldspuckende Tross der Fußball-Europameisterschaft 2012 auch in Charkiw seine Zelte aufschlug, hat sich der eine oder andere Immobilienhai herausgefordert gefühlt, hier ein paar weitere Etagen draufzupacken, in neureichem Groß-Protz.

Lautlos wendet die eierschalenweiße *Stretch*-Limousine auf der Puschkinskaja, der eleganten Flanierstraße Charkiws (bis 1899 hieß sie, wegen ihrer Anwohner, „Deutsche Straße"). Ein wenig ähnelt dieses endlose Gefährt aus Amerika den flach gestreckten russischen Palästen, die sich an dieser Straße reihen. Um die feinen Linien ihrer eingeschossigen Architektur mit den Augen nachzufahren, muss man den Kopf nicht in den Nacken legen, man bleibt in seiner eigenen Dimension. Zu recken braucht sich hier keiner. Der Wirbelsäule jedenfalls tut das gut. Vielleicht auch noch etwas anderem.

Das macht es, dass die Straßen dieser Stadt so gar nicht durchgerechnet wirken, auf Rentabilität getrimmt, wie weiter westwärts. Die Sehnsucht nach

Weite muss hier nicht auf Plakatwänden mit Zigarettenwerbung geködert werden („Test the East"). Hier ist sie wildwüchsig gebaute Wirklichkeit. Das Provisorium der Stadtgründung schwingt immer noch in der Luft, der Charme von Durchzug und Wanderlust, jene Unbedenklichkeit, mit der eine Handvoll Kosaken sich hier niederließen, im „Wilden Feld", wie der brachliegende Landstrich östlich des Dnipro seit jeher heißt. Ihr Hetman rammte seine Lanze in den Boden, aber nicht, um den Platz für tausend Jahre abzustecken. Man blieb an diesem Ort, versuchsweise, wollte den nächsten Winter überstehen, wenn's gut ging, vielleicht auch zwei.

In den ukrainischen Städten wird es Bild: Das Licht Europas, seine Idee von mondialer Weite. Es kam seit je aus dem Osten. In diesen Straßen spürt man es, schauend, gehend, stolpernd, wie die Seele sich weitet, wie sich etwas in einem hebt, bis auf den heutigen Tag. Dieses beinah vergessene Glück von Weite.

Und darüber spannt sich der Himmel Osteuropas - ohne Ende in beide Dimensionen des Raumes hinein, in die Tiefe wie in die Breite. Im gleichen Moment werden an diesem Himmel unterschiedliche Szenarien geboten, besser: sie würden es, wenn sie sich nicht schon im nächsten Augenblick verändert hätten. Immer ist der Anblick frisch und neu und im nächsten Moment bereits verfallen, aufgegangen in einen anderen. Die Erinnerungskraft des Himmelsguckers streckt da rasch die Waffen. Als stände er vor einer Drehbühne, und alle fünf Akte werden simultan gegeben.

Selbst wer keine Augen dafür hat, bekommt die Folgen zu spüren. Man setzt sich die Sonnenbrille auf die Nase, und mit der anderen Hand kann man gleich den

Regenschirm aufspannen. Es fällt Regen, während die Sonne scheint, und umgekehrt. Als befände man sich auf den von Meeresluft durchfegten britischen Inseln. Doch wir – wir sitzen hier auf der Landmasse des europäischen Kontinents im Osten, dort, wo er sich mit der Weite Asiens verschwistert.

Der Sänger

Im Literaturmuseum wird ein Fest gegeben, an diesem frühen Samstagabend. Es ist sommerlich warm, und der Innenhof unter den paar Bäumen, der sonst so unbewohnt kahl daliegt, ist schon voller Menschen, und immer noch strömen weitere herbei. Wie bei jeder Zusammenkunft, die ich in der Ukraine erlebe, gibt es auch hier keine Generationengrenzen. Alle Altersgruppen sind vertreten, und dazwischen tummelt sich jede Menge Kinder. Diese Stickereien auf Hemden und Blusen fallen mir bei diesem Publikum ins Auge: eine Tracht, bei Männern wie bei Frauen, die die Träger in ihrer Nationalität kenntlich macht. Eine Besonderheit dieses Landes. Auch die Kinder sind reich geschmückt mit farbenfrohen Schleifen und Bändern, teilweise in die hellblonden Haare hinein geflochten.

Genügend Stände sind aufgebaut, mit dem üblichen handwerklichen Allerlei. Davor stauen sich die Menschen, am dichtesten natürlich vor dem offenen Feuer, auf dem ein Spanferkel am Spieß gedreht wird. Das gibt vielen Anlass, sich Seit an Seite damit im Bratendunst fotografieren zu lassen. Zum Anbeißen. Eine junge Frau in fußlangem rosa Tüllrock geht durch die Reihen. Sie ruft Leute zu einem Gruppentanz zusammen. Rasch hat sich ein Kreis gebildet, und die Frau gibt in burschikosem Ton die Schrittfolge vor, schön einfach zunächst und alles in lockerer, fröhlicher Stimmung. Es wird viel gelacht dabei. Auch als sich zwei junge Koreaner mit ihren Rucksäckchen bei den Tänzern einhaken. Die beiden schlagen sich ganz wacker, Studenten offenbar an einer der vielen Hochschulen der Stadt, denn danach unterhalten sie sich angeregt mit der älteren Dame, die sie begleitet, auf Ukrainisch.

Und außerhalb des engen Hofes? Tanya hatte mir doch erzählt, das Fest gehe auch vor dem Literaturmuseum weiter. Ich schaue mal nach, draußen auf dem Bürgersteig, aber es scheint noch nichts angefangen zu haben.

Da, unter einem Baum, sitzt lediglich ein Mann auf einer der Straßenbänke und singt. Ja, er singt, aber so leise, so ganz für sich, zumal hart an seinem Rücken Autos an ihm vorbeischrammen, in beiden Richtungen, und die sind deutlich lauter. Oder spielt der Mann sich gerade erst ein auf seinem Instrument? Ein monotones Singen, eigentlich nur auf einer Stimmhöhe. Es lädt geradezu zum Überhören ein, derart unaufdringlich nebenbei, dass ich fast wieder umkehre zum Spanferkel. Zumal es nur eine Handvoll Zuhörer sind, die um ihn herumstehen.

Es ist wohl die merkwürdige Aufmachung dieses Sängers, die mich stutzig macht und mich nicht weitergehen lässt. Sein Schädel vollkommen blank rasiert. Nur vorn, schräg über der Stirn, ein Büschel Haare, eine Haartolle, wie man früher mal sagte. In einer langen dünnen Strähne läuft sie ihm über die Wange herab bis in sein Kittelhemd. Wer trägt denn so eine Frisur? Auch das Instrument auf den Knien, womit er seinen Gesang begleitet, habe ich noch nie gesehen. Eine Art Handdrehorgel.

Der monotone Klang seiner Lieder, mit ebenso monotoner Stimme vorgetragen, befremdet mich immer noch. Ich kann das alles nicht einordnen, den Mann so wenig wie seine Musik. Ziemlich eintönig, denke ich, immer noch auf dem Absprung. Doch dieser wehmütige, traurige Zug in den Liedern, der hält mich fest. Ich komme nicht los davon und von der Haarlocke über dem nackten Schädel und dem Holzkasten auf seinen Knien. Oder von den entrückten Gesichtszügen. Irgendetwas Glaubwürdiges hat dieses Musizieren schon.

Ich schaue mir den Mann genauer an. Ein rundes, volles Gesicht. Bewegungslos, ohne die geringste Mimik. Ein Schnurrbart hängt ihm über die Lippen. Beim Singen hält er die Augen geschlossen, versenkt hinter schweren Lidern. Er hat sein Lied zu Ende gesungen, ohne jeden abschließenden Akzent, es ist einfach ausgelaufen. Ich hätte den Schluss vielleicht gar nicht bemerkt, wenn der Sänger nicht die Drehorgel abgelegt und nach der Laute herüber gelangt hätte. Ein breites, bauchiges Instrument aus hellem Holz, sehr flach.

Jetzt endlich geht mir ein Licht auf. Dieses Instrument kenne ich. Eine *Kobsa* ist das, das legendäre Zupfgerät der nicht weniger legendären Kosaken. Und dieser wie fremd auf die Erde gefallene Mensch da auf seiner Straßenbank zwischen den Autos gibt einen kosakischen Spielmann und singt ihre Lieder. Daher der nackte Schädel mit der langen Locke, der mächtige Schnauzbart. Auch die derbe Hose und die niedrigen Lederstiefel, plump und ausgetreten, machen mir jetzt klar, mit wem ich es zu tun habe.

Der Wechsel der Instrumente verändert die Klangfarbe der Lieder nicht. Weiter singt der Spielmann mit leiser Stimme, Lied für Lied. Das eine läuft aus, das andere hebt neu an. Fast ohne Übergang. Keine Höhepunkte oder Spannungsbögen. In dieser Musik lacht nichts, und da strahlt nichts, für meine Ohren jedenfalls. Weder Täler gibt es noch Höhen. Durchgängig ist eine Traurigkeit, sie zieht sich durch den Gesang hindurch, mit Gleichmut im Gleichmaß getragen. Die Stimme dehnt sich leise wie ein langsam fließender Bach, oder wie ein Wind, ein Hauch eher, der sanft und weich über die Steppenebene weht. Eine Weite tut sich auf, ohne einen Anfang oder ein Ende in Sicht. Diese Weite lockt ins sich Verlieren, aber sie macht auch Angst. Bei jedem Schritt ins Weglose hinein liegen Glück und Verderben nah beieinander.

Wie lange sitze ich hier eigentlich schon, neben drei, vier anderen? Gerade bleiben zwei alte Frauen bei dem Sänger stehen und lassen sich sogar auf ihren breiten Gesäßen ihm gegenüber nieder. Groß ist ihre Geduld beim Zuhören allerdings nicht. Rasch sind sie wieder in ihren Tratsch versunken, laut genug, ehe sie aufspringen und in Eile wegtippeln: ihr Bus ist gekommen! Das alles geht über den Spielmann hinweg wie nicht gewesen. Ohne jede Bewegung im Gesicht singt er weiter die alten Weisen seiner Vorfahren. Die Laute hält er, den Steg senkrecht nach oben, vor der Brust, und auch die Finger stehen gerade auf den Saiten, wenn er sie zupft.

Sollte ich nicht endlich gehen? Doch die Melancholie der Kosaken hat sich längst in meine Seele hineingefressen und meinen Zeitrhythmus aufgelöst. Die Kosakengedichte Schewtschenkos habe ich gelesen. Gehört, als Lieder, habe ich sie nie. Bis heute. In dieser immer noch warmen ukrainischen Sommernacht, auf einer Straßenbank der Großstadt Charkiw, im rüden Lärm der Autos, bin ich mir vollkommen sicher: So haben sie geklungen. Und keinen Ton anders. Bis der aus der Zeit gefallene Musiker seine Kobsa neben sich auf die Bank stellt und ein paar Worte murmelt, in der leisen Art seines Singens. Es sei genug.

Erst jetzt lässt er mich los.

Wir Zuhörer spenden dem Kosaken kräftigen Applaus, so gut wir können. Doch vier Händepaare machen kaum Radau, vor allem, wenn gleichzeitig ein Auto, voll aufgeblendet, an uns allen vorbeibrettert.

Vom Krieg

Das Kriegsgeschehen in der Ostukraine ist keine hundert Kilometer von Charkiw entfernt. In Deutschland warnte mich vor meiner Reise diesmal jedermann, auch wenn er von der Ukraine nicht allzu viel wusste, vor den Gefahren des gegenwärtigen Krieges mit Russland. Das weltweite Spinnengewebe politischer Nachrichten ist wirkungsvoll dicht geknüpft. Man weiß überall über alles Bescheid, meint man. Und soll es meinen. . Hier vor Ort ist der Krieg kein Thema. Für mich Fremden jedenfalls sind im Alltagsleben keine Spuren sichtbar, bis auf die kleinen Gruppen junger Männer und Frauen in militärischen Tarnanzügen, die täglich auf der Straße zu sehen sind, alle frisch eingekleidet. Rekruten auf dem Sprung an die Front. Auch die Gespräche mit den Freunden drehen sich um alles andere als um den Krieg. Gesprochen wird darüber eigentlich nur, wenn ich danach frage, und auch dann klingen die Antworten ausweichend und widerstrebend. Selbst im Fernsehen sehe ich keine Bilder vom Krieg, auch in den Nachrichten nicht. Das bunte Tralala ablenkenden Klamauks beherrscht hier ganz die Szene, wie anderswo auch.

Fast kann ich mich des Verdachts nicht erwehren, der Krieg solle vor mir, dem Ausländer, verschwiegen werden. So ähnliche Erfahrungen hatte ich schon bei früheren Besuchen hier im Land gemacht, aber auch in Polen. Auch wenn ich meine, mit jemandem wirklich Freund geworden zu sein, über viele Jahre hinweg, und wir uns über das Intimste unterhalten können – sobald es um nationale Dinge geht, nehme ich bei fast jedem eine innere Sperre wahr. Ich stoße an Grenzen und weiß mir keinen Rat. Als ob das Nationale hier das Innerste einer Person berühre, eine Schamzone, die für Ausländer *Off limits* ist. Oft genug kommt es mir tatsächlich vor, als treibe jemanden die schiere Scham um über das, was im eigenen Land vorgeht, ins (Ver) Schweigen. Ein Verhalten, das in unseren Breiten ganz und gar undenkbar geworden scheint.

Dreht man die Hand um, lässt sich freilich sagen: Die Menschen hier betrachten die nationalen Dinge immer noch als ihr eigenes, ganz persönliches Anliegen. Mehr noch. Es sitzt unterhalb des Bewusstseins fest in ihrem Inneren. Gerade das, was in westlicheren Breiten längst als rückständig gilt, als überwunden oder als schleunigst zu Überwindendes.

Angesichts meiner Erfahrungen hier frage ich mich: Kann es sein, dass wir damit etwas zu voreilig sind? Darf alles, was einmal zu Grunde gerichtet worden ist, aufgegeben werden? Muss man es sich vielleicht, Buchstabe um Buchstabe, mühsam zurückholen? Neu erobern?

Womöglich hilft es ja, sich einmal wieder auf die sprachliche Wurzel des Wortes *Nation* zu besinnen. Sie meint doch nichts anderes als die Tatsache des *nasci*, des Geborenseins. Keiner von uns kommt daran vorbei, *inter faeces et urinas* in die Welt hinausgepresst zu werden, zwischen Kot, Blut und Urin einer Mutter. Und damit sind wir, von unserem ersten Schrei an, den Bedingungen menschlichen Lebens verfallen: dem Raum und der Zeit. Wir werden geboren zu einer bestimmten Stunde und an einem konkreten Ort. Beides können wir uns nicht aussuchen. Das ist, wenn man es so nennen will, unser Schicksal. Weder Datum noch Ort ist je wieder veränderbar. Damit lebt jeder Geborene, und damit stirbt er.

Ist es denn dann nicht wirklich der natürlichste seelische Vorgang, wenn sich bei den Menschen sowohl um den Zeitpunkt wie um den Ort der Geburt Gefühle anlagern, so wie Moos sich an einen Felsen setzt? Ein nahezu naturwüchsiger Prozess? Beide, Zeit und Raum, machen doch zunächst einmal die Besonderheit einer Person aus, bis etwas Eigenes aus ihr entsteht (wenn überhaupt). Käme etwa einer auf die Idee, das jährliche Feiern des Geburtstags, bis ins hohe Alter hinein, für eine politische Obszönität zu halten? Warum soll das bei der Lokalität anders sein? Die Freude daran, in der Ukraine geboren zu sein, in Russland, im Iran oder auch, meinetwegen, in Deutschland – sollen darin wirklich Gefahren lauern?

Wer sich nicht freuen kann an seiner Person, an seinem kurzen Auftritt hier in Zeit und Raum - wie soll der eine Freude sein für andere Menschen?

Das Kriegsgeschehen in der Ostukraine ist keine hundert Kilometer von Charkiw entfernt. Auch wenn im Alltag der Stadt für den Fremden wenig Spuren zu entdecken sind - unberührt davon bleibe ich nicht.

Die Gedanken gehen hier andere Wege als die gewohnten.

Heldensterben oder
Wie schwer es fallen kann, von A nach B zu kommen

Als wäre es noch nicht genug für einen lebenslangen Lateiner, vor den Straßenschildern, Metrostationen, Ladenbezeichnungen zu stehen und aus den kyrillischen Buchstaben etwas Identifizierbares heraus zu buchstabieren. Doch auch wenn man es dann endlich geschafft hat: Nicht immer wird die Liebesmüh belohnt.

Die Stadtverwaltung von Charkiw ist auf die Idee verfallen, die Straßennamen aus der kommunistischen Epoche zu entschlacken.

So heißt die Endstation einer Metrolinie jetzt nicht mehr „Proletarska", sondern unverdächtiger „Industrialna". Oder dieses kolossale Hochhausgelände im Herzen der Stadt (wo einst Lenin in Erz stand), der erste Stahlbeton-Bau der jungen Sowjetunion, verschachtelt und von gigantischen Ausmaßen, dem antiken Mythos von Halikarnassos ebenbürtig: diesen großartigen Bau lernte ich zu Beginn der 1990er Jahre, als ich die Stadt zum ersten Mal besuchte, als „Gosprom" kennen (Gasindustrie), benannt nach dem damaligen Hausherrn, dem russischen Erdölkonzern und jetzigen Zubrot-Lieferanten von ehemaligen deutschen Meistern (Gerhard Schröder und Schalke 04). Seit dem Ausbruch des Kriegs mit Russland ist diese Benennung naturgemäß obsolet geworden. In diesen Jahren jetzt heißt der Bau also „Dershprom" (Staatsindustrie).

Ähnlich sind auch die meisten Herolde der Vergangenheit, verdiente kommunistische Parteigenossen, zu deren Ehren Straßen oder Plätze benannt wurden (nach ihrem Ableben, versteht sich), durch andere ersetzt worden. Der Reisende kann mit ihnen in der Regel ebenso wenig anfangen wie mit ihren abgelösten Vorgängern. Wer mögen *sie* sein, die heute Genehmen? Ausgewiesene ukrainische Patrioten?

Jedenfalls ist es derzeit schwierig für den fremden Stadtbenutzer, sich zurechtzufinden. Auf den Straßenschildern ist ein buntes Allerlei zu bewundern. Einige sind neu, manche überklebt, die meisten sind die alten geblieben. Nur: Sie stimmen nicht mehr. Offiziell wenigstens.

Doch was heißt das? Wer oder was ist „offiziell"? Der Politiker, der die Anweisung gab? Der Katasterbeamte, der sie ausführte? Der Anwohner, der sein Leben lang dort seine Bleibe hat und nicht daran denkt, seine Adresse zu ändern? Opfer ist auf jeden Fall der irrende Reisende, der eine Adresse sucht. Aber selbst die Einheimischen haben ihre Probleme damit, wenn man mit ihnen ein Treffen verabredet. Und die gedruckten Stadtpläne lassen einen ebenfalls im Stich. Sind sie vor der löblichen Reform gedruckt worden oder danach? Jedenfalls ist ein fröhliches Rätselraten in die Welt gesetzt. Doch nicht jeder, der eilig nach einer Straße sucht, ist in der nötigen Spiellaune.

Die Menschen hier haben ihre bewährte Art, darauf zu reagieren. Sie reagieren nämlich gar nicht, es ist ihnen kaum ein Achselzucken wert, und benutzen die Namen einfach so weiter, wie sie sie kennen. Das, was ihr Staat ihnen vorsetzt, können und wollen die Menschen nicht mehr ernst nehmen. Die Staatsverdrossenheit in diesem Land ist sehr hoch.

Dazu kommt eine beträchtliche Unschärferelation

der ukrainischen Begriffsbildung. Irgendwann legt sie einem nahe, schulterzuckend aufzugeben. Von dem ‚Es ist alles so furchtbar schwierig' zum ‚Es ist alles egal' ist nur ein fatal kleiner Schritt.

Und gesetzt den Fall: Eines Tages hätten wirklich alle Stadtbenutzer die neuen Straßennamen intus (wie lange das wohl dauern mag?) – steht dann vielleicht bereits die nächste Reform an? Oder sind wir heute alle so ohne Fehl und Tadel, gerade auch jene, die derzeit auf den Schild von Helden gehoben werden, dass die Straßennamen ab jetzt für alle Ewigkeit Bestand haben werden?

Ludmilla

Ludmilla ist eine kleine, energische Person. Sie geht auf die Fünfzig zu. Berufstätig wie alle Frauen, die ich hier treffe, ist sie von einem vollkommen fraglosen Selbstbewusstsein, das jedes Gespräch ungemein erleichtert. Sie unterrichtet Deutsch, hat sich aber längst von den staatlichen Schulen verabschiedet. Die zahlen einfach zu schlecht. An diese Zeit mag sie sich gar nicht mehr erinnern. Jetzt unterrichtet sie an einer der vielen privaten Sprachschulen, die in den letzten Jahren entstanden sind. *Wirtschaftsdeutsch* lehrt sie natürlich, wie es der Markt verlangt.

Mit ihrem Mann hat sie, wie viele hier, ein Wochenendhäuschen draußen auf dem Land, im Südosten der Stadt, im Donbass-Becken. Als eines Tags über ihre Datscha Hubschrauber im Tiefflug gedonnert kamen, wussten sie beide Bescheid. Da kommt etwas auf uns zu. Krieg mit Russland.

Sie erzählt von den Reaktionen ihrer Kollegen und Kolleginnen darauf. Viele von ihnen sind natürlich Russen. Manche von ihnen haben das Land verlassen und sind nach Russland gezogen, andere sind hier geblieben und haben sich damit für die Ukraine entschieden. Das alles sei in Ordnung so, meint Ludmilla und zuckt die Achseln.

Doch ein paar ihrer Freundschaften sind dabei in die Brüche gegangen. Eine russische Kollegin zum Beispiel wollte es partout nicht verstehen, warum Ludmilla sich jetzt auf einmal als Ukrainerin fühle und mit dem Zusammenleben der Menschen, wie sie es früher in der Sowjetunion gewohnt waren, nicht mehr zufrieden sei.

Eine ganze Weile hätten sie sich darüber gestritten.

Bis eines Tages die russische Kollegin die Geduld verlor: „Na, wenn ihr jetzt euer eigenes Leben führen wollt, ohne uns Russen, dann könnt ihr ja wieder für die anderen die Toiletten putzen."

Ludmilla: „Das ist eine Sekunde der Wahrheit gewesen! Da hat sie sich verraten, die liebe Kollegin."

Sie schaut mich an, mit ruhigem Blick, aber voller Kampfeslust. Einschüchtern lässt die sich nicht so leicht. Da liege ich richtig.

„Wenn wir die Toiletten putzen, dann werden sie wenigstens sauber", habe sie der Kollegin geantwortet. Das sei ihr letztes Wort gewesen.

Ein kleines Beispiel aus dem Alltag, wie zwei Stereotype aufeinander prallen und das Klima zwischen zwei Menschen vergiften, die über Jahre friedlich miteinander ausgekommen sind. Da entstehen Risse, die nie mehr zu kitten sind. In diesem einzelnen Fall ist genau das geschehen, was die Ukrainer und Russen zurzeit gegeneinander mit Waffen austragen. Das Zerwürfnis zwischen diesen beiden Völkerschaften reicht tief in die Geschichte. Die gewaltsame Abtrennung der Krim ist nicht der Grund. Es ist nur der aktuelle Auslöser.

Es hat den Anschein, als sei das Zerwürfnis ihrer beider Schicksal.

Sind Schicksalsfragen zu lösen?

Der kleine grüne Plastiktraktor

Die rosenfingrige Morgenröte kratzt schon ganz sachte am Horizont, als wir uns von Charkiw aus auf den Weg in das Kohlerevier des Donbass machen, derzeit Kriegsgebiet zwischen der Ukraine und Russland. Unser Kleinlastwagen ist vollgepackt bis unters Dach. Sitzkissen, in Plastik verschnürt, in schreiend bunten Farben, Kartons mit Büchern. Aber was soll wohl der giftgrüne Plastiktraktor dazwischen? Wir Vier haben gerade noch Platz: zwei ukrainische Kollegen, der Schriftsteller Serhiy Zh. aus Charkiw, der Kinderbuchautor Sahko D. aus Kiew, und ich, vom ukrainischen PEN für einen Monat nach Charkiw als Gast der neu gestifteten Autorenresidenz. Der wichtigste Mann an Bord aber ist Oleh, unser Fahrer, ein junger, bulliger Typ, ein Meister seines Fachs. Und vorn an der Windschutzscheibe flattert das Ukrainefähnchen auf und ab, in Gelb und Blau, groß genug.

Die Stadt vor dem Erwachen. Noch im Wohngebiet zwei Fabriken, eine baut Panzer, die andere Turbinen. Beide „arbeiten" noch, wie man hier sagt. Die Weite dieser Fabrikanlagen sprengt die Vorstellungskraft des weiter westlich in Europa Lebenden. Der Raum, der hier zur Verfügung steht, scheint ohne Maß, und so wird er genutzt. Auch von den Supermärkten, die in der Stadt in großer Fülle aus dem Boden geschossen sind und weiter wachsen. Immerhin sind hier anderthalb Millionen Menschen zu versorgen.

Links die unverkennbaren Aufbauten eines Fußballstadions. Hier spielte einmal der örtliche Verein, Metallist, selbst auf europäischer Ebene. Mittlerweile ist er abgestiegen. An seiner Stelle spielt dort jetzt der Verein aus Donezk, *Schachtar* (Bergmann).

„Sind auch die Spieler mit umgezogen?", frage ich arglos. Unbewegten Gesichts antwortet Serhiy: „In Donezk kann man nicht mehr wohnen." Das zur Europameisterschaft 2012 neu errichtete Stadion von Donezk stehe leer. Damals sei es als „Perle des Donbass" gefeiert worden.

Durch die Lücke eines Parkplatzes zwängt sich die Sonne auf die Erde, ein orangeroter Sonnenball inzwischen. Richtig, es geht nach Süden, östliche Richtung. Nach einer Stunde Fahrt haben wir die Stadtgrenze erreicht, von zwei opulenten Säulen markiert. So etwas hatte man in sowjetischen Tagen gern. Aber es stimmt. An diesen beiden Säulen endet die Stadt wirklich. Sofort danach haben wir freies Land gewonnen. Ackerland. Auch hier sind die Dimensionen überwältigend. Und das Flache schafft zusätzlich Weite, gibt dem Himmel allen Raum.

Die Äcker abgeerntet, Stoppelfelder. Nur Sonnenblumen stehen hie und da auf dem Feld. Mit hängenden, schwarz verbrannten Köpfen, über Kilometer hin, warten sie noch auf den Schnitt. Die meisten der leeren Äcker schon wieder gepflügt für die nächste Saat. Dann liegt sie aufgebrochen da, diese legendäre ukrainische Schwarzerde, schwere Schollen von dunkelstem Braun, der dieses Land seinen Reichtum und auch seine politische Wichtigkeit verdankt, seit je. Das runde Bayer-Werbeschild an einem Acker hätte ich vielleicht übersehen. Doch vor Tagen haben Freunde mich mit einiger Empörung auf das Wirken der deutschen Chemiefirma in der Ukraine hingewiesen und den Einsatz von Monsanto-Dünger. Seit diesem Engagement wachse in ihrem Garten nichts mehr, behaupten die Freunde. Mythenbildung oder böse Wahrheit? Vor dieser Frage steht der von außen Kommende in diesem Land öfter als ihm lieb ist.

Doch an der Autobahnstrecke gibt es nicht nur Ackerboden. Es öffnet sich das „Wilde Land". So hieß das Gelände der Kosaken einstmals (die auch Charkiw gründeten), sobald es hügelig wird, in Senken oder Schluchten hinabgeht, hoch auf die Hügel. Struppiges Buschwerk zieht sich darüber, Krüppelholz, am Horizont in fernem Dunst ein Wald, wie hinter Gaze. „Wildes Land" ist ein passender Begriff. Ganz selten mal auf diesen Weiten ein Zeichen für die Anwesenheit von Menschen: ein zerstreutes Dorf oder ein Gehöft oder ein Kirchlein mit Zwiebeldach irgendwo. Ein Fluss wird überquert, es geht durch einen Kiefernwald, die hohen, schlanken Stämme rostrot gefärbt von der Sonne des Herbstes.

Unsere Autofahrt nach Donezk ist auf gut vier Stunden angesetzt. Die Straße Charkiw-Donezk-Rostow ist einwandfrei in Schuss. Schnurgerade zieht sie südwärts, streckenweise vierspurig. Die beiden hiesigen Kollegen haben längst ihre Köpfe an die Autoscheiben gelehnt und versuchen zu schlafen. Der fremde Gast ist hellwach und saugt die Bilder auf, die sich an den Rändern einer Schnellstraße abspielen. Zwei Frauen transportieren zu zweit einen Baumstamm mittlerer Größe auf einem Fahrrad. Am Bordstein ein alter Mann hinter der aufgereihten Zeile seiner Gartenäpfel. Ein Einzelner an der Haltestelle des Überlandbusses, weit und breit nur dunkelster Wald: ein Bild von beängstigender Verlorenheit.

Das Übliche, bisher, beim Reisen durch eine unbekannte Gegend: Augen auf, Bilder sammeln, innerlich notieren. Dann die erste leise Störung. Eine Betoninsel mitten auf der Straße. Da Oleh mit vollem Brass darauf zu fährt, entdecke ich erst im letzten Moment, dass hier etwas anders ist. Zehn bis zwölf Soldaten in Uniform. Maschinengewehre baumeln locker an ihnen runter. Einer tritt ans Fenster, schüttelt Oleh lachend die Hand. Ein paar Scherzworte, und weiter.

Wir verlassen das Betonband und fahren durch die erste Ortschaft. Slowiansk. Das breite Ortsschild ist von den Einschüssen aus Maschinengewehren gesprenkelt. Um die Löcher herum hat jemand Blüten gemalt, in hellen Farben. So wirken die Einschüsse wie Blumen. Das sieht richtig hübsch aus.

„In diesem Ort hier hat der Krieg angefangen", erklärt Serhiy. „Russische Freischärler haben einfach auf die Häuser hier draufgehalten."

Wir fahren weiter. Bis Donezk wären es noch zehn Kilometer. Dort sind die Anderen. Ein Militärkonvoi kommt uns entgegen, mehrere Lastwagen. Zwei Betonbarrieren links und rechts machen die Straße eng. Soldaten in Tarnanzügen. Einer winkt mit der Kelle durch. Ein gewöhnlicher Pkw kreuzt unseren Weg. „Aha. Die Herren von der europäischen Überwachungsbehörde", lächelt Oleh rüber zu Serhiy. Mir ist natürlich nichts aufgefallen. Im Krieg schaut man wohl genauer

Immer wieder in der Ferne, wie Tafelberge, die Kohlehalden. Anthrazitfarbene Blöcke, trapezförmig. Daneben Fördertürme. Hier ist das Kohlevorkommen des Donezker Beckens, schon in der Sowjetunion eines der größten Industriegebiete und von höchster wirtschaftlicher Wichtigkeit. Dazwischen weitgestreut einstöckige Häuser, mit ihren Gärten, Obstbäumen. Tomaten wachsen auch im Herbst am Stock. Die nächste Straßensperre nehme ich schon nur noch am Rande wahr. Oleh dreht die Scheibe runter. Kurze Frage, knappe Auskunft. Das reicht. Hier bräche aber auch keiner durch.

Seit wir die tadellos ausgebaute Fernstraße Charkiw-Doneszk-Rostow verlassen haben, ist das Fahren ein sehr anderes geworden. Die Straßen im Kohlerevier befinden sich ebenfalls im Kriegszustand. Ein einziger Teppich aus Schlaglöchern, leider ohne Muster. Hier ist kein Zufahren geradeaus mehr möglich. Hier muss der Fahrer tänzeln, sich herumwinden um die weggebrochenen Teile des Belags. Oleh bringt seine ganze Kunst auf, kann sich wenigstens am Steuer festhalten. Aber wir losen Beifahrer haben alle Mühe, uns an unsere Sitze zu klammern. Und der Fahrer schont uns nicht. Er drückt ordentlich auf die Tube. Denn unser Programm ist dicht gedrängt. Die Entfernungen zwischen den Schulen und Kindergärten, die in der Region anzufahren sind, um die Geschenke und unsere Lesungen abzuliefern, sind nicht klein.

Wir fahren unsere erste Schule an, die erste von dreien. Die Direktorin, eine hübsche, junge Frau auf hohen Stöckelschuhen, sichtbar feingemacht für unseren Besuch, empfängt uns an der Tür der Schule, eine Art Hefekranz auf den Händen, und heißt uns willkommen. Jeder bricht sich ein Stück ab und steckt es in den Mund. Die Schule befindet sich im ehemaligen Kulturhaus, aus sozialistischer Zeit. Im hinteren Teil ist eine medizinische Station untergebracht für Soldaten, die verletzt von der Front kommen.

Der Saal, in dem wir lesen, wie zu erwarten rappelvoll. Fünfzig Schüler vielleicht, vierzehn, fünfzehn Jahre alt, die Buben, wie üblich, verstecken sich in den hinteren Reihen. Bei zwölf höre ich auf, als ich die Lehrer unter ihnen zähle. Lehrer? Alles Frauen, die meisten schon fortgeschrittenere Semester, bestimmt auch Pensionärinnen darunter. In der Ukraine gibt es keine Altersgrenze, auch an den Hochschulen nicht, und wer eben noch kann, nutzt das, denn die Renten reichen kaum zum Leben.

Serhiy, der diese Lesereisen in den Donbass regelmäßig unternimmt, liest seine Gedichte vor, dann meine in der Übersetzung. Das anschließende Gespräch ist ausgesprochen munter. Zuerst dominieren die Lehrerinnen das Feld, dann werden die Mädchen vorne mutiger, und es entwickelt sich ein lebhaftes, unbefangenes Gespräch unter allen Beteiligten, es wird viel gelacht. Und es geht um Literarisches. Über den Krieg keine Silbe. Die Neugier der Jugendlichen auf den ausländischen Gast ist natürlich groß, auch nach privaten Dingen (ob verheiratet, wie viele Kinder). Über die Frage, ob ich in einem Haus wohne, muss ich selbst erst einmal nachdenken. Zum Schluss große Verbrüder- und Verschwisterung vorne, auf dem Gruppenfoto oder zu zweit und zu dritt. Ein frisches und erfrischendes Erlebnis, das mich froh macht.

Als wir den Ort verlassen, sehe ich in der Toreinfahrt eines Gartens, unter dunklen Obstbäumen kaum zu erkennen, einen Panzerwagen stehen, von Tarnnetzen bedeckt, darauf mehrere Soldaten mit MG im Anschlag. Am Ortausgang: Der ganze Dachgiebel eines ziemlich neugebauten Wohnhauses hängt über die Fassade hinab bis ins Blumenbeet. Darüber spannt sich ein makellos blauer Himmel, der der Sonne freie Fahrt gibt auf die Welt. Eine Frau am Bordstein bietet in ihrem Körbchen Pflaumen an.

Zwischen den Kohlehalden, im Dunst der Horizontlinie die Hochhäuser von Donezk im Blick, fahren wir auf einen Hügel zu, der auf mich künstlich wirkt. Wie aufgeschüttet. Oleh drosselt das Tempo, zögert. Knapper Wortwechsel mit Serhiy. Der Fahrer stößt zurück auf dem Weg, der so gut wie nur aus tiefen Löchern besteht, dreht, unsere Köpfe fliegen bis fast an die Decke. Es geht zurück.

„Dahinten kann schon geschossen werden", sagt uns Serhiy zu dem Wendemanöver des Fahrers.

Vor Marjinka, wo die nächste Schullesung stattfinden soll, das rostige Gerippe von Gewächshäusern. Eine ausgebrannte Tankstelle. Die Straße führt auf eine Brücke zu. Die Brücke steht noch, aber unmittelbar davor und dahinter ist die Zufahrtsstraße abgerissen. Die Brücke hängt also buchstäblich in der Luft. Drumherum stehen Soldaten. Das sei die Stadtautobahn zum Flughafen von Donezk gewesen. Oleh dreht wieder einmal um. Er muss es auf anderem Weg nach Marjinka versuchen. Die Betonblöcke und Poller, die die Durchfahrt verengen, nehme ich mittlerweile so wenig mehr wahr wie die ständigen Schlagbäume. Das riesige Gewölke seitlich: ein grauschwarz verqualmtes Kohlekraftwerk. Der Dreck kommt aus vielen Schloten, an die zwanzig,

Auf der anderen Seite ein Wohnkomplex, gigantisch groß. Ein Dutzend Hochhäuser, zehnstöckig vielleicht, im Karree über Eck gestellt, durchaus neueren Datums. Zuerst fällt mir nichts Besonderes auf. Es muss mir gesagt werden: Die Fenster sind alle schwarz. Nur noch Löcher. Niemand mehr kann hier wohnen. Keinen einzigen der Blocks hat die russische Artillerie ausgelassen. Drüben liegen Bahngleise. „Dahinter", zeigt Oleh mit dem Arm, „beginnt das Minenfeld".

Es ist Abend geworden. Nur noch eine Station ist anzufahren und nur Geschenke abzugeben. Lesungen wären hier fehl am Platz. Es ist ein Kindergarten der Unicef, eingerichtet für Kinder, deren Eltern in dem stinkenden Kohlekraftwerk in der Nähe arbeiten. Eine gepflegte Anlage, unter hohen alten Bäumen gelegen und mit einem stabilen Zaun gesichert. Neben der allgegenwärtigen ukrainischen Fahne flattert hier auch das blaue Banner Europas. Kinder wuseln schreiend auf den Steinplatten umher, drei Kindergärtnerinnen warten schon am Rand auf uns. Ich trage einen großen Karton zur Tür, der gottlob wesentlich leichter ist als er aussieht. Währenddessen kommt jetzt endlich der giftgrüne Plastiktraktor zum Einsatz. Gleich hat ihn ein Bub sich geschnappt und dreht seine Runden damit unter dem Gejohle der anderen. Wenigstens ist es kein Panzer ...

Es geht zurück. In einem Wirtshaus an der Landstraße machen wir eine kurze Pause, nehmen unsere einzige Mahlzeit heute ein. Längst ist es dunkel geworden, und es stehen noch gut vier Stunden Rückfahrt an. Zum Glück ohne Schlaglöcher.

Hunger!

„Die Aufhebung des Privateigentums ist die vollständige Emanzipierung aller menschlichen Sinne und Eigenschaften."

So lautet einer jener fatalen Glaubenssätze des Karl Marx. Auf dieser kapitalen Fehleinschätzung von menschlicher Natur gründet sich die Ideologie des Kommunismus. Einer ihrer tatkräftigsten Verwirklicher war dieser georgisch-russische Sowjetmensch Stalin. Der Mann hat im Namen der kommunistischen Ideologie Millionen von Menschen umgebracht, weltweit.

Das planmäßige Aushungern einer ganzen Bevölkerung hat Stalin bereits 1932 und 1933 in der Ukraine ins Werk gesetzt. Er nahm den Bauern dort das Saatgut weg. Folglich lagen im nächsten Jahr die Felder brach. Es gab buchstäblich nichts zu fressen für die Menschen, auf dem Land so wenig wie in den Großstädten. In den beiden Jahren 1932/33 sind durch diese Aktion sechs bis acht Millionen Ukrainer durch Hunger umgekommen (Zahlen Stand 2019). Die Menschen brachen vor Schwäche auf der Straße zusammen und krepierten.

Es war Stalins wörtlich genommene Maßnahme, die „Aufhebung des Privateigentums" bei den ukrainischen Bauern durchzuführen. Die dadurch erfolgte „Emanzipation aller menschlichen Sinne und Eigenschaften", von der Karl Marx einst geträumt hatte, verwirklichte sich in Massengräbern.

Der russische Literaturwissenschaftler Lew Kopelew war als junger kommunistischer Aktivist an den Gewaltmaßnahmen in der Ukraine beteiligt. In seinen Lebenserinnerungen berichtet er darüber.

„Ich nahm selber daran teil, durchkämmte die Landgebiete, prüfte die Erde mit eisernem Stock nach locke-
ren Stellen, die zu verstecktem Getreide führen moch-
ten. Mit den anderen leerte ich die Truhen der alten
Leute, verstopfte mein Ohr vor dem Schreien der Kinder und dem Jammern der Frauen. Im schrecklichen
Frühjahr 1933 sah ich Menschen Hungers sterben. Ich
sah Frauen und Kinder mit aufgedunsenen Bäuchen,
sah sie blau werden, noch atmend, aber mit leeren,
leblosen Augen. Und Leichen – Leichen in abgerisse-
nen Schafpelzen und billigen Filzstiefeln, Leichen in
Bauernhütten. Ich sah dies alles und wurde weder ver-
rückt noch beging ich Selbstmord. Und ich verfluchte
jene nicht, die mich ausschickten, den Bauern das Getreide im Winter wegzunehmen. Denn ich war davon
überzeugt, dass ich die große und notwendige Trans-
formation der Landgebiete vollzog, dass in den kom-
menden Tagen die Menschen, die dort lebten, deshalb
besser dran sein würden, dass ihr Kummer und ihre
Leiden die Folge der eigenen Unwissenheit oder der
Machenschaften des Klassenfeinds seien."

Und das alles geschah unter dem heftigsten Wegse-
hen der sogenannten Weltöffentlichkeit. Bis heute wird
dieser *Holomodor* genannte Völkermord an den Ukrainern nur widerstrebend zur Kenntnis genommen.

Moral und Menschenrechte werden offenbar nach
Breitengraden vermessen.

Dieses Ereignis der frühen 1930er Jahre sitzt jedem
Ukrainer bis heute in Seele, Herz und Kopf. Es wird
wohl auch kaum je vergessen werden können. Das sollte man, glaube ich, wissen, wenn man sich in diesem
Land aufhält.

Platz der Freiheit, ohne Ende

Erst mit dem Ende des Kommunismus und der sowjet-russischen Herrschaft ist der riesengroße Platz auf den Namen „Freiheit" getauft worden. Doch eine ganze Weile noch stemmte der eherne Lenin seinen massigen nackten Schädel der steinernen Wüste dieses Areals entgegen. *Seine* Freiheit war das nicht, die sich da 1991 mit der Unabhängigkeitserklärung der Ukraine um ihn herum Bahn brach. Dennoch hat er sich lange gehalten auf seinem Sockel da oben. Bis dann eines Nachts die Rächer kamen, im Maidan-Jahr 2014, mit Seilen, viele Menschen. Tausende sollen es gewesen sein, die gemeinsam Hand anlegten und zogen und zerrten, bis die Statue kopfüber krachend zu Boden ging.

Seither ist der Platz der Freiheit noch viel leerer.

Innerhalb dieses turbulenten Jahres 2014 sind landesweit ungezählte Lenins auf diese Weise abgewrackt worden, und noch viel mehr sollen noch stehen, von einstmals sechstausend. Bis in die Gegenwart wird in manchen Städten und Städtchen der Ukraine über den Abriss gestritten und zwar – wie soll es anders sein? – auf das Heftigste.

„Platz der Freiheit", mit und ohne Lenin. *Freiheit* meint in diesem Land seit 1991 die Trennung von Moskau, dem von jeher erdrückenden Brüderchen im Osten. Die Furcht vor der politischen, militärischen und kulturellen Dominanz des großen Nachbarn: Der Gedanke einer russisch-orthodox dominierten Gemeinschaft aller Slawen ist in Russland bis heute wirkmächtig geblieben. Ein Mann wie Alexander Solschenizyn zum Beispiel war bis zuletzt von dem „heißen Gefühl" durchdrungen, dass Russen, Ukrainer und Weißrussen „ein einziges Volk" seien. Dagegen behauptet sich der Freiheitsbegriff dieses Landes Ukraine als staatliches, rechtliches und kulturelles Für-sich-Sein.

Der Gefühlswert, den dieses Wort *Freiheit* hierzulande in den Menschen auslöst und ihre Seelen wärmt, in allen Widrigkeiten des Alltags: Es ist ein kräftiges, vitales Gefühl, vergleichbar vielleicht dem Pathos der Französischen Revolution vor zweihundert Jahren. Dieser Traum ist jung und uralt zugleich. Jahrhunderte durfte es hier nur im Schweigen überwintern.

Mag´s uns befremden, die wir in westlicheren Gefilden Europas uns arg an überschießendem Nationalismus die Finger verbrannt haben vor Zeiten, uns und anderen – die Uhr der Geschichte kennt keine Normalzeit. Es steht außerhalb jedes Zweifels: Das Gefühl der Ukrainer für ihre junge nationale Freiheit ist derzeit stark und tief und echt empfunden. Keinen einzigen, dem ich begegnete, auch den welterfahrensten Intellektuellen nicht, der auf westlichen Podien ein willkommener Gast ist, sah ich frei davon.

Wer maßt sich an, das Gefühlsleben anderer Völker zu zensieren, nur weil man früher selbst böse ausgeglitten ist? Erfahrungen sind auch hier nicht übertragbar, schon gar nicht aus voller Kehle.

Zivilfriedhof Nr. 17

„Die Soldatengräber sind die großen Prediger
des Friedens.
Ihre Bedeutung wird immer zunehmen."
Albert Schweizer

Mein zweiter Besuch auf dem Friedhof der deutschen Soldaten, die während des Zweiten Weltkriegs
zwischen 1941 und 1943 hier gefallen sind bei den
Schlachten um Charkow, wie die Stadt damals noch
auf Russisch hieß. 1998 ist er vom damaligen Bundespräsidenten Herzog offiziell übergeben worden, als
einer von mehreren ähnlichen Anlagen auf dem Boden
der Ukraine. Und weitere sind in Planung: Der Bedarf
ist, man glaubt es kaum, weiterhin groß. Immer wieder
kommen aus der Bevölkerung Fingerzeige, wo deutsche Soldaten in der Eile der Kampfhandlungen seinerzeit flüchtig verscharrt worden sind. Sie alle sollen
hierher überführt werden.

Der Gang an diesen Ort ist die einzige von den zahlreichen Veranstaltungen während meines Aufenthal-
tes hier als Gast der „Literarischen Residenz", um die
ich persönlich gebeten habe. Und dann steht eines
Morgens tatsächlich ein Wagen der Bezirksregierung
Charkiw vor meiner Bleibe, mit einer Fahrerin und mit
einem jungen Mann, und es geht ab zum 17. Zivilfriedhof, im Norden der Stadt.

Wir fahren jetzt schon eine ganze Weile. Und immer
noch soll die Straße Sumskaja heißen? Es sind andere Maßstäbe hier. Jetzt endlich gibt uns die Sumskaja
doch frei. Es geht scharf links ab. Betonstreifen: Char-

kiws „Stadtring". Gesträuch dazwischen. Nein, es sind hochwachsende Bäume, Kastanie, Ahorn. Hier verlieren sie sich im Weiten. Wenige Autos. Ab und zu ein Motorrad, mit Seitenwagen, vollgepackt. Ein paar verlorene Fußgänger zwischen den grauen Schneisen – wohin? Ein paar verlorene Fahnenmasten – wozu? Eine Kuh von wuchtiger Einsamkeit. Und der Himmel - hat so viel Platz. Hinweisschilder sparsam gesetzt. Wenig Anhaltspunkte sonst. Bis ich die kyrillische Schrift entziffert habe, sind wir vorüber. Zivilfriedhof Nr. 17.

Karascho, wir haben's geschafft.

Boris, Student der Geschichte kurz vorm Examen, sitzt neben der Fahrerin der Bezirksregierung vorn. Nebenbei arbeitet er schon im Amt für Denkmalpflege und ist für diesen Besuch von der Stadt eigens abgestellt worden. Mit dabei ist natürlich meine Übersetzerin Oleksandra K., die treue Freundin, mir unersetzlicher denn je in diesen Tagen.

Diesmal sind wir also zu dritt. Damals, bei meinem ersten Besuch, in den frühen 2000er Jahren, kurz nach der offiziellen Eröffnung des Soldatenfriedhofs durch den damaligen Bundespräsidenten Herzog - damals war ich alleine unterwegs. Keiner aus der deutschen Delegation hatte mich begleiten wollen. (Einige zitterten vor Angst.)

Mit dem Wetter haben wir Glück. Es ist ein frischer Septembertag heute. In mehreren Schichten schieben sich Wolkenstreifen über den Himmel. Aber sie lassen immer noch genug Platz übrig für die Sonne. Ihre Helle liegt über unserem Weg.

Das Eingangstor ist frisch errichtet. (Wenn hier etwas neu ist, dann sieht es nagelneu aus. Nach einem

Jahr wirkt's schon verwittert.) Der gerade Hauptweg zwischen den Grabfeldern gibt uns die Richtung vor. Unser Gehen nimmt kein Ende. Der 17. Zivilfriedhof ist eine der größten Beerdigungsplätze der Stadt. Das sind die Dimensionen amerikanischer Friedhöfe, die nur mit dem Auto zu benutzen sind. Hier sind zum Glück nur wenige Autos zu sehen. Dafür sind die Wege auch nicht angelegt.

Im Gehen können wir die Gräber links und rechts betrachten und uns auf dieses und jenes aufmerksam machen. Der üppige Blumenschmuck ist durchwegs aus Plastik. Anstelle von Grabplatten sind viele Gräber zugemauert. Eine Art Einkerkerung der Verstorbenen, als wollte man ihre Rückkehr ins Leben verhindern. In die meisten Grabsteine, gerade aus den letzten dreißig, vierzig Jahren, sind die Porträts der Dahingegangenen auf den dunklen Stein geätzt, wohl immer um das nötige Quentchen verjüngt und geschönt. Was mir auch diesmal wieder das Herz erhebt, sind die Bänke neben den Gräbern, auf denen die Hinterbliebenen mit ihren Toten Picknick halten, in der Woche nach Ostern oder an ihren Ehrentagen. Dann setzen sich die Angehörigen hier hin, packen den Fresskorb aus, vespern mit ihren Toten, stoßen mit Wodka und Bier an (aus zwei Liter fassenden Plastikflaschen), auf das Gewesene und auf ein Wiedersehen dereinst. Diese Art, mit dem Tod umzugehen, gehört zu den liebenswertesten Bräuchen, denen ich in der Ukraine begegne.

Wir gehen und gehen, und der deutsche Soldatenfriedhof kommt immer noch nicht in Sicht. Die heutige Allerweltsmethode, sofort zum Mobiltelefon zu greifen, kann ich verhindern. Stattdessen machen wir die

Augen auf, suchen die Hügel ab, die sich hinter- und ineinander schieben, mit schwarzen Punkten überzogen, den Grabsteinen. Dazwischen - ja. Da ist ein grüner Hang zu sehen, eine Freifläche, wie eine Wiese. So ungefähr habe ich es auch in Erinnerung. Boris rennt vor, prüft, winkt uns: Ja, hier ist es.

Ein Wiesenabhang, ziemlich steil. Eine weite, weite leere Wiese, von einer halbhohen Hecke eingegrenzt. Nichts schränkt hier den Blick ein, nichts lenkt ihn ab. Wenn man den Kopf hebt, sind die Nachbarhügel zu sehen, die näheren und die in der Ferne. Alle dicht belegt mit Gräbern. So zieht sich das riesige Totengelände einer Großstadt von anderthalb Millionen Menschen über die Berglandschaft hin. An der Horizontlinie Wald, nur Wald, und dann geht es in den Himmel, mit seinen Wolkenturbulenzen heute weit oben, und der Sonne, die sich immer wieder ihre Lücken stiehlt.

Eine besondere Stunde, eine besondere Stimmung für alle drei. So viel Grün um uns, ohne alles. Eine plane Wiese. Selten nur wird die Ruhe des Blicks unterbrochen durch schmale Stelen aus grauem Granit. Darin sind die Namen der mehr als dreiundzwanzigtausend Soldaten eingemeißelt, in alphabetischer Reihenfolge. Die Architektur dieser Anlage halten wir für sehr gelungen. Statt die Wiese unter der Unmenge von Kreuzen verschwinden zu lassen, begnügt man sich mit ein paar wenigen Dreier-Gruppen von Kreuzen, aus grauem Granit ebenfalls und niedrig genug. Sie stehen symbolisch für die unzählbar Vielen.

Wir sind auch eine Dreiergruppe, und wir lesen in den Steinen, auf den endlos langen Namenslisten von A bis Z, wir reden über einzelne Namen, rätseln über die regionale Herkunft. Was uns allen dreien den Atem raubt, sind die Jahreszahlen. Eine erschütternd große Zahl der Geburtsjahrgänge liegt in den 1920er Jahren. Die hier erfasst sind, waren also achtzehn, neunzehn und ein paar an zwanzig Jahre alt, als sie bei Charkow ins Gras bissen. Das greift uns alle drei an, die wir hier stehen und lesen, gleichermaßen. Da gehen die Gefühle von Deutschen und Ukrainern durchaus nicht eigene Wege. Als Menschen sind wir drei berührt (da wir berührbar sind), über Landes- und Altersgrenzen hinweg.

So stehen wir zu dritt an einem bewegten Septembertag auf diesem grünen Wiesenboden, der es in sich hat, und sind uns so nah gekommen, wie das Menschen nicht oft glückt. Worte brauchten wir kaum, große schon gar nicht.

Auf diesem weiten Feld des Todes haben wir für einen Moment verstanden, was Leben heißt.

P.S. Die Toten dieses letzten großen Menschenschlachtens sind noch längst nicht alle eingesammelt und unter die Erde gebracht, da werden wenige Kilometer von hier, im selben Land, bereits wieder die Leichen junger Menschen produziert. Diese Industrie blüht immer, und immer sind es die gleichen, die daran verdienen oder dafür bezahlen. Und dieses Land, die Ukraine, liegt immer noch in Europa, in einem Europa ohne Hitler und Stalin.

Auch wenn im Alltagsleben der Bürger hier keine deutlichen Spuren des Krieges erkennbar sind, von außen jedenfalls: Viele Familien haben ihre Söhne und Töchter an der Front stehen und zittern mit ihnen und um sie. 13.000 Soldaten sollen seit 2015 bisher auf ukrainischer Seite gefallen sein, sagt man mir, darunter viele Studenten und Hochschulabgänger, Teile der Bildungsschicht, die die Zukunft einer Gesellschaft trägt. Diesmal werden die Geburtsjahrgänge der Gefallenen in den späten 1990ern liegen.

Nach meinem ersten Besuch auf dem 17.Zivilfriedhof der Stadt Charkiw (um 2000) hatte ich geschrieben:

„Ich schaue über den leeren weiten Grashang hinweg, unter dem bis jetzt dreiundzwanzigtausend junge Landsleute liegen, einer davon mein Onkel Hermann, der im Sommer 1943 vor Charkow fiel. Jenseits davon die farbenfroh garnierten Hügel für die Toten der Stadt, und der Wunsch meldet sich, wiederzukommen, im Sommer, am besten mit Freunden, Roggenbrot und Speck und Wodka im Rucksack, und mit ihnen am Grab der Ihren das Fest des Lebens und des Todes zu feiern. Ein Glas soll dann auch Onkel Hermann abbekommen, von dem mir nur ein kleines eingerissenes Schwarzweißfoto geblieben ist. Hatte gerade die Hochschule hinter sich, als er eingezogen wurde. Natürlich werden die ukrainischen Freunde mittrinken, und wie. Das habe ich hier oft genug erfahren. Ihr Respekt vor dem Tod ist grenzenlos."

Bald zwanzig Jahre sind seither vergangen. Zu Speck und Schnaps hat es nicht gereicht beim Wiederkommen. Aber die Vorhersage stimmte: Der Respekt der ukrainischen Freunde „vor dem Tod war grenzenlos". Und es soll ja auch nicht das letzte Mal gewesen sein, so Gott will. (Der Herr ist hier einem näher als sonst.)

Charkow (wie es damals noch hieß) liegt in einem Gebiet, das zu den am häufigsten umkämpften des Zweiten Weltkriegs gehört. Die Besetzung der Stadt durch Wehrmacht und Rote Armee wechselte mehrmals. Allein vierzigtausend der deutschen Soldaten, die seit Sommer 1941 den Krieg in dieses Land hineintrugen, fanden im Raum Charkow den Tod. Nach dem politischen Machtwechsel der neunziger Jahre konnten die Friedhöfe angelegt werden. Die Hälfte der hier Umgekommenen hat inzwischen auf dem 17. Zivilfriedhof von Charkiw den letzten Ruheplatz gefunden.

So lachen nur Kosaken

I.

Ilja Repin, DIE SAPOROSCHER KOSAKEN SCHREIBEN EINEN BRIEF AN DEN TÜRKISCHEN SULTAN, Öl auf Leinwand

Lachen steckt an – vor diesem Gemälde ereilt den Betrachter die nicht eben umwerfende Erkenntnis wieder einmal als unwiderlegbar. Was kann man denn sonst auch tun als mitzumachen? Jeder von uns kennt das, hat es erlebt und erlitten. In der Schule etwa, wenn der Bazillus des Lachens durch die Reihen der Klasse flog und alle, alle ansteckte. Oft wussten wir gar nicht, worum es ging. Aber wir lachten mit. Nichts half dagegen. Wir Schüler rangen nach Atem, nur der Lehrer vorne schaute dumm und ahnte nichts. Sich dagegen zu wehren, das Lachen verbeißen – keine Chance. Dadurch wurde es eher noch schlimmer.

Diese Erfahrung gehört zu den wenigen Dingen, die wir wohl alle in der Schule mitbekommen haben: Gegen den Kitzel des Lachens ist auf der ganzen Welt kein Kraut gewachsen. Und was wäre damit auch gewonnen? Wem gedient? Also mutig nachgegeben dem simplen, unwiderstehlichen Impuls und mitgelacht. Und sei's bloß mit den Augen (ohne entblößtes Gebiss).

Weit reißen die Männer auf diesem Gemälde von Ilja Repin ihre Münder auf und lassen das Lachen herzhaft aus dem Körper fahren, laut allemal, bis zum Bersten. Sie stecken sich gegenseitig damit an, wie wir in der Schule damals, und wenn es in einem versiegen will, poltert der nächste los mit seinem kollernden Lachbass, oder ein fisteliges Bellen fährt dazwischen, und schon stimmt man wieder mit ein in den Chor, die Luft bebt und zittert um diese kantigen Männerschädel. Bis zur Atemlosigkeit. Es will kein Ende nehmen.

Eine Gesellschaft von zwanzig gestandenen Männern, eng aufeinander gedrängt, in wilder Aufmachung, keine ähnelt der anderen. Jeder sein eigener Typ, vom Gesichtsausdruck wie von der abenteuerlichen Kleidung her ein besonderer Einzelner, und doch, das duldet keinen Zweifel, eine verschworene Gemeinschaft, zusammengeschweißt von mehr als dem Lachen. Die gehören zusammen, ohne Frage, und die sind alle gleich. Kein Unten und Oben ist zu sehen: die lachen *aus einer Seele.*

Auch der Schreiber in ihrer Mitte, um den sie sich drängen, dass sie auch keinen Schnörkel seiner Kunst verpassen - ihnen fremd und geheimnisvoll, wie er ein weißes Blatt Papier füllt mit dem Federkiel. Er ist nicht der Kopf der Gruppe, er ist bloß ihre Hand. Kein Vor-Denker, sondern ihr Knecht. Er hält fest, was sie ihm zurufen. Sie diktieren ihm, er schreibt. Ein Brief von zwanzig Absendern. Wer mag der Adressat sein?

„Die Saporoscher Kosaken schreiben einen Brief an den türkischen Sultan" verrät das Bild in seinem Titel, das der russisch-ukrainische Maler Ilja Repin gemalt hat, in den 1880er Jahren. Ein Historienbild, wie es damals in Europa in Mode war, über eine längst vergangene Epoche. Bald zwei Jahrhunderte, ehe Repin zum Pinsel griff, waren vergangen, dass der abgebildete Brief tatsächlich geschrieben worden war. Die Saporoscher Kosaken, die übermütig lachenden Protagonisten des Bildes, sind mittlerweile längst aus der Geschichte gefallen. Doch ihre Legende lebte damals weiter, um 1880, als Repin das Gemälde erfand, und jeder Ukrainer, jeder Russe wusste, was es mit diesem Brief an den türkischen Sultan auf sich hat. Auch wenn das makellos weiße Blatt auf der Leinwand sich wohl kaum erhalten hat: die Botschaft, wie sie dem Schreiber da gerade zugerufen wird, kennt man immer noch, wunderbarerweise, Wort für Wort:

„Du türkischer Sultan, Bruder und Genosse des verfluchten Teufels und leibhaftigen Luzifers Sekretär, du Babylonischer Küchenchef, du Alexandrinischer Ziegenmetzger, Erzsauhalter von Ägypten, du Armenisches Schwein, du Enkel des leibhaftigen Satans und Narr der ganzen Welt..."

Und immer noch tollere Schmähungen fallen ihnen ein für den Erzfeind in Istanbul, dahinten, jenseits des Dnepr, wohin der eine Lacher verächtlich zeigt, und sie werfen sie ihrem Schreiber zu, steigern sich aneinander in neue, frechere Beleidigungen hinein. Der soll sich ordentlich ärgern in seinem Eunuchenpalast am Bosporus, wenn er ihren Fetzen Papier in Händen hält! Der hatte aber auch Ungeheuerliches von ihnen gefordert. Sie, die „freien Krieger", wie sie sich stolz selbst nennen (die Übersetzung von *Kosaken*), die keine Herrschaft über sich dulden, hatte dieser „Ziegenmetzger" bis aufs Blut gereizt, als er es wagte, ihnen – ihnen! - die Unterwerfung unter sein Regiment abzufordern. Wer waren sie denn? Mit ihren flinken Schiffen tauchten sie oft genug im Hafen von Istanbul auf und verbreiteten Angst und Schrecken im Herzen des osmanischen Imperiums, wenn ihnen danach war, auf Raubzug zu gehen.

Das Kriegen war Lebenselixier, ja der tiefere Sinn ihres ganzen Daseins. Nur dafür lebten und starben sie. An einer Staatsgründung waren sie so wenig interessiert wie an Lesen und Schreiben. Am Rand der Zivilisation lebend, an der Grenze zur Steppe, in den Flusswäldern und Sümpfen am unteren Lauf von Dnepr und Don, „jenseits der Stromschnellen" (die Übersetzung von *saporosche*), waren sie unangreifbar, für den Zaren in Moskau so gut wie für den türkischen Sultan.

Es war schon gegen Ende des 19.Jahrhunderts, als Ilja Repin sich daran machte, dieses legendäre Kriegervolk im Bild festzuhalten. Da waren sie längst aufgesaugt worden von der „modernen Zeit". Aber ihr Mythos wirkte ungebrochen nach, romantisch verklärt. Und Repin hatte einen guten Grund, sich dem Thema zu stellen. Er war selbst auf dem Boden dieses wilden Kriegerstammes geboren und groß geworden, der Ukraine. Und deshalb kehrte er auch zu sich selbst zurück, als er das frühere Herrschaftsgebiet der Kosaken bereiste und alles in Augenschein nahm und aufzeichnete, was sich von ihnen noch erhalten hatte: die Waffen und Geräte, ihre Trachten. Vor allem aber die Köpfe, ihre Gesichter. Ganze Mappen zeichnete er voll. Nicht weniger als zwanzig lachende Gesichter sind auf dem Ölbild dann zu sehen, und jeder Kopf könnte ein authentisches Abbild dieses Steppenvölkchens sein. Allen zwanzig Kosaken sieht man es an: Repin war ein großartiger Porträtist, ein seinerzeit viel gefragter Maler in Russland. Große Aufträge, auch vom Zarenhof, waren ihm sicher.

Auf den ersten Blick war ich begeistert, als mir das Bild vor Augen kam, wurde sofort hineingerissen in dieses enorme Gelächter, das frisch aus der verschworenen Männerclique steigt und den Bilderrahmen sprengt. Kann denn da überhaupt jemand einfach vorübergehen mit skeptisch heruntergezogenen Mundwinkeln? Von dem historischen Hintergrund wusste ich wenig, und auch der Maler Repin war mir unbekannt, als ich 2005 die Ausstellung seiner Gemälde sah, im Wuppertaler Von der Heydt-Museum. Zwar bekam ich dort nicht das große ausgeführte Gemälde zu sehen, das in zwei Versionen existiert. Für das deutsche Museum war lediglich eine Vorstudie des Bildes abgestellt worden, auf siebzig mal neunzig Zentimetern. Doch das reichte mir allemal und blieb haften. Diese Entdeckung sollte sich nicht so schnell verflüchtigen.

Beim nächsten Besuch in Charkiw wusste ich, wo ich als erstes hinzugehen hatte. Im Kunstmuseum der Stadt, einen Steinwurf von der Oper entfernt, hängt die eine Fassung des groß ausgeführten Gemäldes. Und das hat seinen guten Grund. Nicht weit von Charkiw, in der kleinen Stadt Tschugujew, ist der Maler auf die Welt gekommen, 1844. Ursprünglich hatte das Bild in Sankt Petersburg gehangen, in der Galerie des Sammlers Pawel Tretjakow, der es dem Maler damals direkt abgekauft hatte. In den 1930er Jahren fand es die Kulturpolitik der Sowjetunion opportun, diese Arbeit Repins, zumal mit diesem ukrainischen Thema, in das Land seiner Geburt zu überstellen.

Seit 1935 hat es im Kunstmuseum Charkiw seinen Platz gefunden, zusammen mit einer kleinen Auswahl weiterer Ölbilder und Zeichnungen von ihm. Dort erlebte ich das Gelächter der Kosaken also wieder, diesmal als einen wandfüllenden Riesenschinken von bald zwei auf drei Metern.

II.

Tschugujew ist mittlerweile eine Vorstadt von Charkiw geworden, kaum länger als eine halbe Stunde Autofahrt entfernt. Ilja Repins Vater war hier als Soldat der zaristischen Armee stationiert und betrieb nebenbei, wenn die Waffen ruhten, einen Pferdehandel. In diesem Bauernhaus wurde der spätere Maler geboren, so wie sie damals waren: ein flacher Lehmbau, mit kleinen Fenstern, einstöckig natürlich, strohgedeckt. In der Militärschule des Ortes lernte der Junge topographisches Zeichnen. Er muss dabei Talent gezeigt haben. Sonst wäre er wohl kaum zu einem Ikonenmaler im Ort in die Lehre gekommen.

Die nächste Station seines Entwicklungswegs war

dann schon ein entscheidender Schritt. Der Jüngling bezog die Kunstakademie von Sankt Petersburg. Einer seiner Lehrer dort war Iwan Kramskoi, damals ein bekannter Porträtmaler. Seine Lehrjahre an der Akademie schloss Repin mit Auszeichnung ab, der „Großen Goldmedaille". Ein fünfjähriges Auslandsstipendium schloß sich an. Zuerst geht der junge russische Maler nach Rom, dann folgt Paris. Dort bleibt er für mehrere Jahre. Natürlich nimmt er die Gelegenheit wahr, hier Courbet und den Impressionismus kennenzulernen.

Prägende Erfahrungen im Ausland für einen werdenden Künstler. Danach kehrt Repin in die Heimat zurück, nach Tschugujew, ins Elternhaus, für eine ganze Weile. Erst Jahre später wird er weiterziehen und sich (vorübergehend) in St. Petersburg niederlassen.

Es gibt ein Gemälde, auf dem Repin die Rückkehr in sein Elternhaus in Tschugujew festgehalten hat, dorthin, wo er seine Kindheit und frühe Jugend verbracht hat (gemalt 1876). Es ist ganz in der Brauntonigkeit von Erde gehalten: ukrainischer Mutterboden. Zwei strohgedeckte Bauernkaten, weiß gekalkt, ebenerdig, mit kleinen Fenstern, eher Luken, ohne Weg und Steg. Hier könnte der Vater seine Rösser verscherbelt haben. Vor dem Haus verteilt mehrere Menschen aus dem Dorf, die zwei Ankömmlinge begrüßen, einen Mann, eine Frau, die gerade eingetroffen sind. Der leichte Pferdewagen, der sie hergebracht hat, steht noch da.

Mein Blick richtet sich zunächst auf die Wartenden. Da steht ein kleiner, gedrungener alter Mann, im Bauernkittel, mit Mütze und einem mächtigen grauen Bart unterm Kinn. Ob das der Vater ist? Dahinter und daneben Frauen verschiedenen Alters: eine dicke, schwarz eingepackte Großmutter, gestützt von einer Jüngeren, in rosafarbenem Kleid. Das junge Mädchen an der Tür könnte eine Hausgehilfin sein, der Junge neben ihr geht vielleicht noch nicht zur Schule. Ganz für sich, auf Abstand, steht ein Jüngling. Er hat seine Hand erhoben, zu einem scheuen, halb versteckten Gruß wohl für den Heimkehrer.

Ein Moment gefrorenen Abwartens.

Die artikulierteste Figur des Bildes, nur leicht aus der Mitte gerückt, ein großer, schlanker Mann, im fußlangen schwarzen Mantel, mit Hut und umgelegtem weißem Schal. Die Eleganz des Städters in diesem bäuerlichen Umfeld. An seiner Seite, ein Stück kleiner und tiefer im Hintergrund, die Frau, ebenfalls in der Mode der Zeit gekleidet, ganz in Schwarz. Es wird sich um Wera handeln, die damalige Frau des Malers, oft von ihm porträtiert.

Zwei Welten treffen hier aufeinander. Gäste aus ei-

ner fremden Welt, die zurückkommen in eine fremd
gewordene Heimat. Direkt aus Paris vielleicht sogar?
Schwer vorzustellen, wie die beiden mondänen Stadt-
menschen Platz finden sollen in dieser lichtlosen Bau-
ernkate.

Mit diesem Bild vor Augen bin ich nach Tschugujev
gekommen, in das Repin-Museum, wenige Schritte
hinter dem weiträumigen Busbahnhof im Zentrum des
Orts. Direkt an der Straße steht immer noch ein ein-
stöckiges Bauernhaus, das Dach mit Stroh gedeckt. Der
wievielte Nachbau des lang verfallenen Originals mag
es wohl sein?

Ich bin der einzige Gast an diesem sonnigen Septem-
bermorgen. Drei Personen nehmen mich in Empfang,
ein Mann in Uniform, zwei Frauen. Ihre Freundlichkeit
wirkt ein bisschen unbeholfen, sie hat etwas Rühren-
des. Die drei, vier winzigen Räume, mit knarzenden
Holzböden, sind liebevoll eingerichtet. An den Wänden hängen zwei frühe Ölbilder des Meisters, dazu ein
paar Skizzen, ebenfalls aus seiner Anfangsphase. Ich
lasse mir Zeit, doch auch ohne die geringste Eile stehe
ich bald wieder am Eingang vor den Dreien und frage
nach Kunstkarten. Ausgestellt sehe ich keine. Die fül-
lige Angestellte, die mir die Eintrittskarte verkauft hat,
zieht unten aus einem hinteren Schrank einen grauen
Karton hervor. Karten würden hier nie verlangt, meint
sie, und die Kollegin bestätigt sie dabei heftig. Der Uni-
formierte nickt freundlich zustimmend. Dass ich die
Karten sogar käuflich erwerben will, und alle drei auch
noch auf einen Schlag, muss ich mehrmals deutlich
machen.

Der Garten um das Haus ist vielleicht das Schönste

hier. Er wirkt so klein, doch Schritt für Schritt fächert er sich überraschend weit auf, in mehrere Tiefen. Süß duftet es über den Beeten. Sie stehen immer noch voll in Blüte bei diesen hochsommerlichen Temperaturen. Weiter hinten ein Holzschuppen, von einer beachtlichen Raumgröße. Hier, stelle ich mir vor, könnte Repins Vater seine Pferde gehalten haben. Und der Sohn hätte hier am ehesten Platz zum Malen gefunden. Pferdestall oder Maleratelier – was alles mag das grau gewordene Holz für sich behalten? Zwischen den Blumen streift ein weißgraues Kätzchen herum, mit zärtlichen Annäherungen an den Fremden. Sie drängt sich fast auf, mitgenommen zu werden. Ganz leicht fällt es mir nicht, das zutrauliche Tier zurückzulassen.

Es ist eine große Wärme in mir, als ich von Repins Elternhaus die kurze Straße zurückgehe zum Busbahnhof und eintauche in ein lauteres Leben mit seinen Geschäften, Verkaufsständen, Cafés, Fressbuden, Kneipen. An diesem bescheidenen Museum war alles so liebenswürdig unperfekt. Ich bin entspannt wie selten nach dieser Stunde.

Ja, ein bisschen könnte es so gewesen sein vor hundertfünfzig Jahren.

September

Auf meinen Wegen durch die Stadt – es sind weite Wege, die ich gehe – klopfen seit Tagen Kastanien auf den Asphalt. Ich höre und sehe sie neben meinen Schritten niederfallen auf den unfruchtbaren Grund der Straßen: Stein, Asphalt, Beton. Auf diesem trostlosen Grau rollen sie aus, eine frischer und appetitlicher als die nächste. Ich will sie doch retten, diese Augen- und Handschmeichler. Ich bekomme die Blicke nicht los von ihnen, muss immer wieder in die Knie. Bald sind meine Taschen voll, und da liegt noch eine wunderschöne - bis ich die Waffen strecke vor der Unmäßigkeit der Natur, vor ihrem hemmungslosen Fortpflanzungswahn. Beglückt bin ich, und überfordert und hilflos in einem.

Zuhause leere ich die Taschen. Der Platz auf dem Schreibtisch wird eng. Die von gestern und vorgestern haben schon ihren unglaublichen Glanz verloren. Um die heutigen zu retten, muss ich mich beeilen.

Was tun?

Na was schon ...

Ach um den Glanz

Ach um den Glanz der reif gewordenen Kastanie

Frucht fällt um Frucht
vom Stachelkleid erlöst
fällt sie uns die wir blind sind vor die Füße
verkollert sich im Staub der Straße
voll und muskelstark und blank

Die pure Schönheit
zu nichts gut
Bloß Schweine haben sie zum Fressen gern

Doch einen zwingt es in die Knie
ihr nacktes braunes Fell zu streicheln
in der Hand ein Bettchen richten
wo sie einander zärtlich sind
für eine knappe Spanne Zeit

Der feuchte Glanz so rasch dahin
es stirbt die Lust im Auge

Wenn die Musen nicht schweigen

Selten war der Name „Charkiw" so häufig in den Medien der Welt aufgetaucht, wie seit der gewaltsamen Abtrennung der Halbinsel Krim, eines Teils des ukrainischen Staatsgebiets, durch Russland. Denn diese Welt ist gezwungen worden festzustellen: Es gibt wieder Krieg in Europa, offenen Krieg. Was nach siebzig Jahren Frieden, auch wenn er manchmal verdammt kalt war, auf diesem Kontinent gebannt schien, ist in der Ukraine Wirklichkeit geworden – Krieg, mit modernstem Gerät geführt. Tausende Menschen bereits darin umgekommen, und ein Ende ist bis heute nicht in Sicht. Und Charkiw, im äußersten Osten des Landes, ist dadurch Frontstadt geworden. Zehntausende von Flüchtlingen aus Luhansk, Donezk und dem Donbass-Gebiet sind in die Stadt geflohen.

In dieser entmutigenden Situation sind 2017 in eben diesem Charkiw drei Gedichtsammlungen mit deutscher Lyrik erschienen, zweisprachig, auf Deutsch und Ukrainisch. Zusammengestellt und übersetzt hat sie Oleksandra Kowaljowa, Professorin für Literatur an einer der vielen pädagogischen Hochschulen dieser Stadt und selbst Lyrikerin, bevorzugt in Reimen. Sie stammt aus unmittelbarer Nähe von Luhansk, direkt an der russischen Grenze. Seit 2014 liegt die Stadt mitten in dem erbittert umkämpften Gebiet zwischen der regulären ukrainischen Armee und den von Russland unterstützten Freischärlern.

Der eine Band, den sie herausgegeben hat mit dem Titel „Die Bläue", umfasst die Lyrik der Romantik, von Friedrich Hölderlin bis zu Lenau und Mörike. Das Beste, was zwischen 1800 und 1850 in deutscher Sprache an Gedichten geschrieben worden ist. Links das deutsche Original, rechts die Neuübersetzung von Oleksandra Kowaljowa. „Meine ganze Liebe", erklärt sie mir, „gehört den deutschen Romantikern. Ich bewundere diese reine Atmosphäre, diesen Enthusiasmus".

Ebenfalls von ihr stammt die Sammlung mit Gedichten deutschsprachiger Lyrikerinnen, wieder in beiden Sprachen, ab dem Barock. Und zuletzt ihr dritter und persönlichster Titel: „Mein deutscher Kanon". Auf gut 400 Seiten stehen deutsche Gedichte vom Mittelalter bis in unsere Gegenwart, mit Kowaljowas Übersetzung ins Ukrainische.

Ich muss gestehen, dass mich das berührt: In einer Zeit, da es gefährlich sein konnte, in Charkiw über die Straße zu gehen, erscheinen dort drei Bände mit deutschen Gedichten, frisch übersetzt. Zwischen den Kampfplätzen und der Druckerei lagen vielleicht nur zwei oder drei Straßen. Da kann man sich rasch, ein Gedichtmanuskript unterm Arm, eine Kugel einfangen, und sei's eine verirrte.

Es ist nicht zu erwarten, dass diese drei Bücher allzu weite Kreise ziehen werden. Schon gar nicht, dass sie die politischen Machthaber in der umkämpften Region zur Vernunft bringen werden, von den anderen zu schweigen.

Aber sie leisten viel mehr, letztendlich wohl Entscheidendes. Vor vielen Jahren habe ich diese kleine, energiegeladene Frau kennengelernt, begeistert für ihre Schüler wie für die Literatur. Seither gab es zahlreiche Lesungen, allein oder mit deutschen Kollegen, vor den Schülern des Gymnasiums 23. Dort wird Deutsch als erste Fremdsprache unterrichtet, mit schönen Erfolgen. Vor den Lesungen hatten die Schüler, aufgeweckte Jugendliche verschiedener Jahrgänge in wunderbarem Deutsch die Gedichte unseres Herkommens vorgetragen. Mädchen, in weißen Blusen und mit einer großen Schleife im Haar, rezitierten Heines „Ich weiß nicht, was soll es bedeuten" oder „Es gibt so bange Zeiten" von Novalis. Ja, es gibt so bange Zeiten - immer ...

Sie und manch weitere Generation von Schülerinnen und Schülern werden in der Ukraine aus diesen neuen Sammlungen, die 2017 in der Frontstadt Charkiw herauskamen, deutsche Sprache und deutsche Literatur lernen, mit Herz und Verstand. Wenn sich der Pulverdampf dieses Krieges längst verzogen hat, anderswohin, wird die stille, einsame Arbeit dieser leidenschaftlichen Übersetzerin immer noch Früchte tragen.

Wenn die Waffen sprechen, schweigen die Musen, wusste der Lateiner. Aber dieses Schweigen hat einen längeren Atem als der Donner aller Kanonen. Wer daran nicht glaubt, sollte aufhören zu schreiben.

Nur Verse

1994 las ich zum ersten Mal im Literaturmuseum von Charkiw, zusammen mit ukrainischen Kollegen. So eigen ihre Gedichte klangen, jedes für sich: Sie alle waren strophisch streng gebaut, und keines verzichtete auf den Endreim. Auch der damals vierundzwanzigjährige Serhiy Z. hielt daran fest, der jüngste in der Runde, mit seiner Schlagballkappe überm Ohr und im abgewetzten Lederjäckchen, dem Renner bei den jungen Leuten seinerzeit (sofern sie sich nicht, als „bisnismeni", zu Anzug, Krawatte und schmalem Aktenkoffer verdonnerten).

Meine Verse im freien Rhythmus fielen dem Publikum auf und lösten eine Diskussion aus, die lebhaft und lautstark geführt wurde. Muss ein Gedicht denn nicht gereimt sein? Es dauerte eine Weile, bis ich begriff: Den Menschen, die mich so engagiert befragten, ging es um ihre Tradition.

Wenn mein Eindruck stimmte, kurz nach dem Zusammenbruch des Kommunismus und seiner Ideologie, die ja auch die künstlerischen Maßstäbe gesetzt hatte – es herrschte hier immer noch eine sehr genaue Vorstellung davon, wie ein Gedicht auszusehen habe. (In Polen hatte ich in den frühen 1990er Jahren Entsprechendes beobachtet.) Das machte die Kontroverse im Publikum so heftig. Für den Außenstehenden war es mit Händen zu greifen: Es ging dem Publikum um mehr als Verse. Man wollte sich öffnen für das Neue, für die Schreibweisen außerhalb des eigenen Bereichs, wie man sie jetzt, seit 1990, erstmals im Original erfahren konnte. Doch gleichzeitig fürchtete man, dabei seinen Charakter aufs Spiel zu setzen, das Eigene zu verderben. Oder in einem Mischmasch möglicherweise beides zu verfehlen.

Das sind langwierige, auch schmerzvolle Prozesse, die ihre Zeit brauchen.

Und heute?

Aus dem Westen der Ukraine, aus Iwano-Frankiswk, dem früheren Stanislau, stammt Juri Andruchowytsch, Romancier, Lyriker und Essayist, der sich seit langem schon auch außerhalb seines Landes einen Namen gemacht hat. Er war es, der 2003 mit seinem Essayband „Das letzte Territorium" als einer der ersten einem auswärtigen Leser die Augen geöffnet hat für seine Heimat, gerade auch im deutschsprachigen Raum. Denn einstmals gehörte sie ja für eine ganze Weile zur österreichisch-ungarischen Provinz Galizien.

Serhiy Zhadan, ein Neffe von Oleksandra Kowaljowa, stammt wie sie aus der Ostukraine. Gerade noch rechtzeitig vor Ausbruch des Krieges dort hat er der Region und ihren Menschen ein literarisches Denkmal gesetzt, vielleicht zum ersten Mal, mit dem Roman „Die Erfindung des Jazz im Donbass". Zahlreiche Romane folgten seither. Zhadan kann heute als einer der profiliertesten Autoren seines Landes gelten, auch in Deutschland, aber keineswegs nur dort.

Seit Jahren tourt Zhadan dazu mit seiner Musikband, den „Hunden im Weltall", durch die gesamte Ukraine. Zu seinen rhythmischen Texten machen die Musiker eine kernige Musik zwischen Rock, Punk, Reggae und Ska. Mit diesen Auftritten hat Zhadan in der Ukraine längst einen Kultstatus erreicht, nicht nur bei den Jüngeren. Regelmäßig bereist er zudem den Donbass und gibt dort die Spenden ab, die er auf seinen Lesereisen quer durch Europa und in Nordamerika eingesammelt hat.

Neben seinen Romanen schreibt Zhadan auch weiterhin Gedichte.

Und durchaus mit Reimen ...

Larissa

Larissa, die Angestellte der Stadtverwaltung von Charkiw, zuständig für Kultur, ist uns bereits begegnet. Von ihrem Dienstzimmerchen aus schaut sie auf den riesigen Freiheitsplatz herab, der immer leer wirkt, auch wenn Menschen ohne Zahl darüber gehen. Sogar den Lenin auf seinem Sockel konnte sie sehen, über die Jahrzehnte ihres Dienstes, bis nächtens die Menschen mit ihren Seilen über ihn kamen. Kaum anzunehmen, dass sie seitdem unter Phantomschmerz leidet. Mit einer Hingabe, die jeden Acht-Stunden-Takt vergisst, betreut Larissa ihre Projekte. Dabei ist die Entlohnung so gering, dass es kaum zum Leben reicht, und außerdem wird sie noch unregelmäßig ausbezahlt.

„Das Leben ist schwer für uns – sehr schwer", sagt sie und hebt ihre Schultern. „So ist das nun mal." Mehrere Begegnungen, lange Gespräche, über Jahre, hat es gebraucht, bis so viel Vertrauen zwischen uns hergestellt ist, dass die Scham der Armut in den Hintergrund treten kann, die Scheu nationaler Vorsicht.

Sie lebt, sagt sie, ganz wesentlich vom Garten ihrer Eltern, zwei, drei Autostunden südlich der Stadt. Die Eltern, im Rentenalter, haben sich nach einem Arbeitsleben auf ihre Datscha zurückgezogen und holen sich aus der Erde, was sie zum Leben brauchen. Das reicht für sie, und das reicht für ihre Tochter mit. Regelmäßig bringt ihr der Vater Kartoffeln nach Charkiw, Gemüse, Obst. Und Blumen – selbstverständlich. „Blumen gehören doch zum Leben!", ist Larissa überzeugt. Honig, Marmeladen, selbst Wein und Wodka. Alles selbstgemacht, von eigener Hände Arbeit. Und Larissa teilt gerne aus davon, an ihre Gäste, die Freunde. Es kommt mir vor, als hätte ich nie einen weicheren Wodka getrunken, einen fruchtigeren Wein.

Doch der Garten gibt nicht nur, er fordert auch. In ihren Ferien hilft Larissa den Eltern bei der Arbeit draußen. Auch eine Einladung nach Deutschland muss sie einmal absagen, weil sie in den späten Sommer fällt – Erntezeit.

Nach einer Lesung, zu der sie mich begleitet hat, kommen wir zurück. Sie öffnet die Wohnungstür und jubelt auf: „Mein Vater ist da!"

Auf dem Sofa sitzt ein alter Mann, klein und stämmig. Von seinem Händedruck kann ich lange zehren. Nur die leise Spur eines Lächelns um den Mund. Dieselbe Kraft der Hand auch in seinen Augen. Klar sind sie, hell, wie alle hier, und voller Ruhe. Ein stiller Mensch. Nicht nur zu dem Fremden, auch zur Tochter sagt er wenig.

Er setzt sich wieder, die kräftigen Hände auf den Knien, und schaut uns an. Nicht neugierig, ausforschend. Er nimmt uns wahr. So hat er auch dagesessen, vor dem Strauß mitgebrachter Astern, als er auf seine Tochter wartete. Dagesessen und vor sich geschaut. Kein Fernsehgerät läuft, kein Radio, keine Zeitung aufgeschlagen. Er hat auch nicht geschlafen. Saß einfach da und wartete, wartete auf Larissa. Bis sie da war.

Sie umarmt noch einmal den kleinen runden Mann, wie einen Geliebten so heftig. Und ihre Augen glänzen.

„Ach, mein Vater...", sagt sie, den Tränen nah. „Dass ich meine Eltern habe, das ist Glück." Sie schüttelt dabei den Kopf, als fasse sie es nicht.

Solnischko

So leicht war mein Reisegepäck selten – *leichter als Flügel*. Ein paar Blätter Papier.

Grau war es geworden von den Jahrzehnten, das poröse feine Seidenpapier, wie es das heute wohl kaum noch gibt. Durchschläge von Behördenbriefen, oftmals gefaltet (so aufgeweicht waren die Knifflinien) und – ein Widerspruch eigentlich – am Rand gelocht. Die eine oder andere Rostspur einer Heftklammer – musste von Vaters Hand stammen: von wem sonst? Unten aber lief jede Seite auf das eine Ende hinaus, einen Stempel, blau. Zwei, drei kurze Zeilen aus amtlichen Abkürzungen und Ziffern. Handschriftlich hineingesetzt ein Name. Daneben das „Heil Hitler!", natürlich wieder von Maschine.

Diese Briefe stecken jetzt in meiner Jacke innen, leichte Fracht, wie gesagt. Ich habe sie in einen Umschlag getan, um sie zu schonen auf der Reise. Denn sie sind älter als ich, gut ein Jahr vor meiner Geburt geschrieben. Das sichert ihnen meinen Respekt, den sorgsamen Umgang mit dem zarten Papier, aber es macht sie doch auch leicht für mich, auf eine andere Art.

Wir sind von Charkiw aus losgefahren, Richtung Donezk, südostwärts, wie die Papiere es wollten. Zu dritt drücken wir uns in Taras` kleinem Fiat, in Russland gebaut, als das Land noch Sowjetunion hieß und die Ukraine ein Teil davon war.

"Rogun", stellt Taras plötzlich fest und lässt das Auto am Straßenrand ausrollen, dreht den Zündschlüssel um.

„Rogun" – noch einmal. Wir sind am Ziel. Taras legt

die Hände in den Schoß. Natalia biegt sich herüber zu mir und lächelt mich an, mit aufmunternder Ratlosigkeit.

„Rogun", bestätigt sie und macht ihre Augen groß dabei.

„Der Ort, das Dorf..., ich meine..." Ich bin etwas überrascht, denn ich habe vorhin keinen Abfahrtshinweis mitbekommen. Vor uns das vierspurige lose Betonband, zu beiden Seiten freies Feld. Sonst nichts zu sehen.

„Rogun?"

Taras versteht mich, zum Glück. Sein Deutsch ist gut genug. Dass er kaum Gebrauch davon macht, liegt an seinem Temperament. Mehr als eine karge Antwort, selbst wenn man ihn direkt anredet, hat noch keiner bekommen. Dazu immer sein vages Lächeln um den Mund. Die Augenlider halb gesenkt, als döse er. Und wenn er mit uns durch die Straßen geht: Bewegungen wie in Träumen, zerdehnt. Sein Da-Sein ist ebenso unaufdringlich wie ungefragt. Er steht da, lächelt, döst, bleibt nie ganz zurück, taucht immer wieder auf vor uns.

Entsprechend unerwartet sein Angebot vor ein paar Tagen, mich nach Rogun zu fahren, wenn ich denn dahin wollte. Sagte es, hob die Achseln – kein Wort weiter.

In diesem Fall war ich Taras ausgesprochen dankbar für seine Schweigsamkeit. Denn was ich in Rogun zu suchen habe, ist nicht selbstverständlich, schon gar nicht, meine ich, für einen jungen Mann aus Charkiw, der sein Geld in der Devisenabteilung einer Bank verdient. Mir selbst kann ich ja kaum Rechenschaft darüber ablegen, was ich dort suche. Nur so viel ist klar: Etwas von mir will da hin, seit ich zum ersten Mal Boden der Ukraine betreten habe. Also musste ich folgen.

Rogun? Bei dem Namen stellte ich mir ein Dorf vor. Straßen, ein paar Leute, die man fragen konnte. Denn allein, da machte ich mir nichts vor, allein käme ich nicht weit.

Taras wendet jetzt auf der Autostraße und tastet sich im zweiten Gang zurück in Richtung Charkiw. Da entdeckt er einen Weg, einen schmalen Weg. Wir biegen ab. Natalia lacht mich an. Ein vorsichtiger Triumph sitzt in ihren Grübchen. Wir werden schon ankommen, keine Bange, irgendwo, sagt mir ihr Lachen. Leider spricht Natalia kein Wort Deutsch. Doch mit ihren großen grauen Augen kann sie alles sagen und ausdrücken, so dass jeder von uns dreien eigentlich immer weiß, was der andere gerade meint.

„Da!" Ich lege Taras die Hand von hinten auf die Schulter. „Hier!" Und ich bin schon halb aus dem Auto gesprungen und renne los mit großen Schritten. Zwei Menschen stehen dort, auf freiem Feld – beeil dich! Sie könnten gerade im Aufbruch sein.

Ein Mann, eine Frau, schwere Menschen, beim Kartoffelklauben. Beide mit der Wetterhaut der Erde. Der Bauer im Unterhemd, Schweiß vom Harken auf Brust und Schläfen. Mit breiten Beinen, gebückt: die Frau. Im Kittelkleid. Ich rufe sie an, mehr mit den Händen als dem Mund. Sie wenden sich her zu mir, alle beide, so langsam, mit stummen Gesichtern. Schauen mich erst einmal an, den Fremden, bevor sie auf sein Gefuchtel reagieren, den Kopf vorschieben. Schwer und langsam auch ihr Blick. Ich lache hinüber zu ihnen - sie sollen meine gute Absicht merken. Kreuze zeichne ich, noch einmal ein Kreuz und viele Kreuze in die warme Luft des Herbstes, schon mit dem Anflug von Vergeblichkeit. Die beiden Erdmenschen – wie festgewachsen in Ruhe: ein Zuwarten in Geduld, sollte denn irgendetwas geschehen wollen.

Endlich hat Taras mich eingeholt und sagt ein paar Wörter zu ihnen, leise, ohne jede Betonung. Die Frau geht das nichts an. Der Mann löst die Hand von der Harke, eine erdige Faust, hebt sie und drückt sie sich gegen die Stirn.

Er denkt, denkt lange nach.

Dann öffnet sich die Faust zur Hand, sinkt herab und weist in eine Richtung: der Wald dort drüben, auf einem Berg.

Wie elektrisiert schaue ich mir die Augen aus. Der Bergrücken. Wald. Lückenlos gewachsen. Der Mann noch im Denken, redet mit der Frau oder mit Taras – und sticht nun mit dem Finger Richtung Charkiw hinein in den Dunst des Flachen. Weite, vollkommen ungeschiedene Fläche.

Dort? Nein. Ein Hügel muss das gewesen sein, die „Höhe 159,1". So steht es in den alten Papieren. Sollte Taras das vielleicht dem Bauern übersetzen? Der hat sich abermals ein Stück gedreht und zeigt jetzt in eine dritte Richtung – die Gebärde hat etwas von einem Denkmal wegen der Ruhe, aus der sie kommt. Der Bauer weist hinüber zur Autobahn. Jetzt gleicht er einem Indianerpriester, der in alle vier Himmelsrichtungen die Götter grüßt, dass sie der Erde gnädig seien. Doch eine Seite lässt der Bauer aus. Zwischen ihm und Taras fallen Silben herab wie letzte Tropfen von einem Wasserhahn. Leer. Nichts mehr zu sagen.

Taras blickt mich an unter seinen halbgeschlossenen Lidern, mit diesem vagen Lächeln, hebt die Schultern, so langsam, so schwer. Nun ist auch Natalia an unserer Seite. Ihre hochhackigen Schühchen, eigens für den Ausflug ausgewählt, haben den tapferen Kampf mit der Natur hier hinter sich. Sie lacht erschöpft und doch auch hoffnungsfroh. So viel Sicherheit liegt darin, solche Siegesgewissheit.

Und tatsächlich: Ihr Lachen hilft. Jetzt habe ich den ukrainischen Indianer-priester der Kartoffelerde endlich begriffen. Der Mann hat Recht. Ich brauche nicht länger einen bestimmten Platz zu suchen. Hier überall, auf den Hängen zum Wald hin oder auf den weiten Flächen der Felder, kann es gewesen sein, damals, gut ein Jahr vor meiner Geburt.

Ich bedanke mich. Die Frau lacht jetzt – zeigt die erste Regung überhaupt. Goldzähne. Sie lacht breit übers Gesicht und ruft mir mit tiefer Stimme ein „Auf Wiedersehen" hinterher, erdschwer, auf Deutsch.

Zurück zum Auto. Weiter hinein in die Landschaft, wir versuchen, dem bewaldeten Kamm näher zu kommen, möglicherweise der „Höhe 159,1". Der Weg ist längst zu einem Pfad geworden, mit radtiefen Löchern. Taras umtanzt sie mit seinem Fiat, ohne mit der Wimper zu zucken. Wir lachen uns an – machen uns gegenseitig Mut wie Kinder auf dem Karussell, man weiß ja nie. Ein paar Häuser links und rechts. Hühner unterwegs, nur sie. Der Fiat bringt sie zum Flattern. Taras' Lächeln dabei: eine Spur tiefer. Hoch geht es nun, durch Felder. Sonnenblumen, fettes Gelb. Man wird satt allein vom Schauen. Dann stehen wir oben, auf einer Ebene. Der Pfad ist hier zu Ende, wir brauchen ihn nicht länger.

Überall könnten wir hinfahren von hier aus. Also können wir auch bleiben.

Wir steigen aus und dehnen uns in der Septembersonne, kostbar von Abschied. Absehbar sind die Tage, an denen sie so vital noch wärmen würde, und jeder von uns dreien spürt das. Stehen da, im angenehmen Wind der Höhe, und schauen in die Weite des Landes, das um uns liegt: Gut, hier zu sein. Nirgendwo ein Halt fürs Auge, wenn man die Hochspannungsmasten nicht zu wichtig nimmt.

Der Blick fasst kaum all das Land, das sich nach Süd, West, Nord und Ost staut. Es wird einfach trübe am Übergang zum Himmel, zerfließt im Dunst, auch die Ahnung von Charkiw dort hinten. Die Augen geben auf, was sollen sie hier finden?

„Das könnte sie doch sein, die *Höhe 159,1?*" frage ich die beiden, ohne eine Antwort zu erwarten. Taras sagt wie üblich nichts und lässt seine Schultern sprechen. In Natalias Blick dieses alles bejahende Leuchten, das weit über die Gegensätze hinaus strahlt und sie auflöst in ein Gefühl für die Weite des Lebens.

„Viel zu schön zum Sterben hier, noch dazu im späten Sommer", sage ich leise und lächele sie an. Natalia nickt heftig.

Zu suchen gibt es hier nichts mehr für uns. Wir gehen noch ein paar Schritte auf der Hochfläche umher, weil der Wind uns so weich streichelt und das Auge Freude hat an der Weite. Da falte ich sie dann doch noch einmal auf, die verblasste Durchschrift. Datiert auf den September 1943 – Dienststelle Nr. 15698:

Die Grabstätte Ihres Bruders, des Herrn Oberleutnant Hermann Z., liegt in Rogun, etwa 10 km südostwärts von Charkow. Da dieses Gebiet von unseren Truppen geräumt wurde, kann Ihrer Bitte um ein Lichtbild der Grabstätte zur Zeit nicht entsprochen werden. I. A. gez. Heil Hitler!

Kann *zur Zeit* nicht entsprochen werden – zur Zeit. Zurück in die Brust mit diesen Stimmen, tief sie versenken. Hier die Erde, auf der ich stehe, diesen schönen Herbsttag einatmen. Ich, ein freier Mann. Und unter meinen Füßen liegen, auch ohne Kreuze, Menschen, sie haben sich hier überall spurlos der Erde wieder einverleibt. Ich entdecke etwas Rotes im Staub. Ja, es bewegt sich. Ein Tier, ein Käfer – ein Marienkäfer. Ist es denn nicht schon längst zu spät für ihn?

Natalia ist meinem Blick gefolgt.

„Solnischko", erklärt sie mir eifrig, „solnischko" – und wiederholt es noch einmal in der Hoffnung, dann verstünde ich es besser. Alles Rot der Welt leuchtet auf dem Nagel ihrer Zehe, mit der sie auf den Käfer zeigt.

Marienkäfer heißen hier also *solnischko* – hört sich so zärtlich an. Aber Natalia ist nicht zufrieden mit meinem Gesichtsausdruck. Verzweifelt dreht sie ihre Augen zum Himmel. Sie schüttelt den Kopf mit den weizengelben Haaren.

„Solnischko, solnischko..." murmelt sie vor sich hin und schnippt mit den Fingern, als läge ihr ein anderes Wort auf der Zunge. Schon gibt sie es auf.

„Taras", ruft sie energisch, „Taras!" Viel zu langsam kommt er zu uns herüber. Sie wechseln ein paar Worte.

Taras lächelt wie über eine Kinderei.

„Kleine Sonne heißt das, solnischko", sagt er, leise, ohne jede Betonung, aber doch so, dass ich wie immer in seine herabfallenden Worte hineindeute: Was lohnt denn alles reden?

„Bei uns nennt man diese Käfer da Kleine Sonne."
Natalia hört zu, mit angehaltenem Atem, und nickt
dazu, viele Male.

„Solnischko, Kleine Sonne!" wiederhole ich, und alles Glück des Lebens rieselt mir über den Rücken dabei.

Im Schatten des Schwarzen Soldaten

Vom ersten Augenblick an hat der Platz des 23. August mich eingenommen, ja gefesselt. War es nur die Größe und diese unfassbare Weite, die er dem Himmel darüber ließ? Der mächtige Koloss des Sowjetsoldaten aus schwarzem Erz mittendrin und die vielen unterschiedlichen Menschen, die entspannt auf den Bänken um ihn herum saßen und miteinander plauderten oder schwiegen? Es musste mehr sein als das, warum ich den Platz beinahe jeden Tag ansteuerte, über Wochen hin, und ihn immer zufriedener verließ, als ich angekommen war, innerlich beruhigt, einverstandener mit dem Leben als vorher.

Natürlich war es zunächst der gigantische schwarze Rotarmist, das Denkmal hemmungslosen kriegerischen Triumphs, das mich in seinen Bann zog. Diese martialische Gebärde schierer Gewalt, von Macht. An jenem 23. August 1943, den das Monument verherrlicht, war es der Roten Armee zum zweiten Mal gelungen, die deutsche Wehrmacht aus der Stadt herauszudrängen, und zwar endgültig dieses Mal. In die Freude der siegreichen Soldaten konnte ich mich gut hineinversetzen. Doch immer war auch das Wissen beigemischt, dass ein paar Tage vor dem sowjetischen Triumph mein Onkel Hermann dabei sein Leben gelassen hatte. Ohne diesen Mann zu kennen, weil das vor meiner Geburt geschah, kann ich sagen: der Schatten dieses Menschen, von dem ich nichts weiß außer den Umständen seines Soldatentodes hier in der Nähe und der Tatsache, dass er der jüngste Bruder meines Vaters war – der Schatten dieses unbekannten Menschen saß immer neben mir am Platz des 23. August. Und das Wunderbarste daran war, dass dieser Schatten mich nicht verdunkelte. Im Gegenteil. Durch ihn gehörte ich mehr hierher, war weniger allein auf meiner Bank, als ich es sonst gewesen wäre.

Denn ich war nicht der erste meiner Familie, der sich in dieser Stadt aufhielt. Nein, stolz musste ich darauf wahrhaftig nicht sein. Aber auslöschen konnte und wollte ich das Vergangene ebenfalls nicht. Auch Kriege sind Berührungen zwischen Völkern (wenn auch die unerwünschtesten), Berührungen der intensivsten Art, und sie graben sich tief in das Leben des Einzelnen ein. Der Preis ist der Tod. Kriege schaffen Tatsachen, die Spuren ziehen, über mehrere Generationen hinweg. Auch wenn sie dem Bewusstsein des Einzelnen unergründbar bleiben, sind sie da und bleiben es ein Leben lang. Man kann sie verdrängen wollen, oder man kann versuchen, sie auszuhalten, in dem Wissen: Wir alle sind Glieder einer Kette, jenseits eigener Verantwortung. Es steckt mehr in uns, als wir uns träumen lassen.

Hier, auf diesem Platz, kamen mir diese Gedanken, zum ersten Mal vielleicht in meinem Leben. Auf eine vollkommen unsentimentale Weise war ich im Angesicht des vorwärts stürmenden Sowjetgiganten dem Onkel wie dem eigenen Vater nah. Beide habe ich kriegsbedingt nicht kennenlernen sollen. Darüber musste ich mit niemandem rechten. Hier in der Ukraine schon gar nicht. Keines Menschen Seele erwartete das von mir. Ein unendliches Gefühl von Dankbarkeit rieselte mir über den Rücken dabei, auf diesem Platz, der auch den Tod meiner Vorfahren bombastisch feierte. In diesen Augenblicken war mein Leben erfüllt und so leicht wie selten.

Vielleicht war es das, was meine Tage in der Ukraine so reich gemacht hat.

Heiliger Abend

Die Stimmung eines ausgehenden Septembernach-
mittags liegt über der Puschkinska, der schicksten
Straße in Charkiws Innenstadt. Die Sonne steht schon
sehr schräg am Himmel. Es ist Freitag, und die Arbeits-
woche, das ist zu spüren, läuft aus. In der immer noch
warmen Luft breitet sich eine Art Zwischenzeit aus.
Vielleicht bricht jetzt auch eine Leere an, das Suchen
nach etwas, was sich kaum benennen läßt.

Ich komme, zufällig oder nicht, an einem Sakralbau
vorbei, aus rotem Backstein. Die massive Architektur
der vorletzten Jahrhundertwende. Das zurückgesetzte
Gebäude liegt hinter einem schweren alten Gittertor,
und im Hof stehen zwei Männer mit durchaus respekt-
heischenden Bäuchen. Traue ich mich, die Klinke nie-
derzudrücken? Ich wundere mich, wie leicht sie nach-
gibt. Die beiden Wärter grüßen freundlich zurück. Wo
ich denn herkomme? Ich verrate es. Sie wissen beide
Bescheid. „ Ah, Minken ... Gamburg ..." Das verstehe
ich so gerade. Und gehe vorsichtig die Stufen hoch.

Eine Synagoge. Leer. Kein Mensch im großen dunklen Gebetsraum. Die Pulte voller Bibeln und Broschü-
ren. Dabei ist doch Freitag. Es wird doch abends vor
dem Sabbat gebetet ... Ich schaue mich um im jüdischen Sakralraum. Wenig zu sehen. Noch nicht mal
Heiligenbilder. Auch hinter den Holzgittern auf der
Empore oben klafft es natürlich leer. Eine Weile setze
ich mich in eine der Bänke. Außer Langeweile verspü-
re ich nichts. Da draußen, im Vorraum, sitzt doch jemand. Den will ich fragen, wann der Gottesdienst hier
beginnt.

Der Mann hinter einem Tisch liest ein Buch. Über ihm die gerahmte Fotographie eines alten Mannes mit schwarzem Hut und einem wallenden weißen Bart. Den kenne ich doch. Wer war das noch mal? Der Lesende hebt auf meine Frage nicht einmal den Kopf vom Buch, murmelt nur, dass er kein Englisch verstehe. Das ist bestimmt ein versteinerter Sowjetmensch, mutmaße ich und lese die Schrifttafel unter dem Foto, Englisch und Kyrillisch beschriftet. Der Lubawitscher Rebbe Menachem Mendel Shneerson, *spiritueller Führer unserer Generation, hat die Flamme jüdischen Lebens in der ganzen früheren Sowjetunion am Leben gehalten.* So ungefähr. Richtig, Shneerson hieß der Rabbi, der mir in Brooklyn in vielen Synagogen begegnet ist. Damals lebte er noch und war für liberale Juden in Amerika ein rotes Tuch. Wie sonderbar, ihm jetzt, Jahre später, hier in der Ukraine, nicht allzu weit vermutlich von Lubawitsch entfernt, wieder zu begegnen. Aber „Führer von Generationen", wie er auf dem Porträt genannt wird, pflegen ja gern weltweit zu operieren.

Mit dem Einläuten des Sabbats wird es also heute nichts für mich. Was mögen die konkurrierenden Christen in dieser Zwischenstunde jetzt zu bieten haben? Nicht weit weg von der Synagoge „Beis Menachem", gerade mal fünf Minuten Fußweg, lädt die orthodoxe Fürbitt-Kathedrale zur Gegenprobe ein. Diese Kirche ist das älteste Gotteshaus der Stadt, ursprünglich noch von den Kosaken errichtet, als Teil ihrer Festung.

Mittlerweile ist die Sonne verschwunden, es ist fast dunkel geworden. Drinnen füllt klangvoller Gesang den Raum, der in orthodoxen Kirchen zu jeder Tageszeit ziemlich duster ist. Viele Menschen sind hier versammelt. Der Gesang kommt von vorn, seitlich versetzt zur Ikonenwand. Frauenstimmen. Sie singen so sauber und klar, dass ich zuerst an einen Chor glaube. Nein, so wirken sie eigentlich nicht, im Kopftuch alle natürlich. Aber sie singen derart schön   Ich mag gar nicht weiter gehen. Auch der Geruch der Kerzen ist angenehm. Ihre niedergebrannten Stummel werden ständig von schlurfenden Weiblein aus den Ständern entfernt, sie verdienen sich damit bestimmt ihr Abendbrot. Überhaupt ist unter den Kirchbesuchern der Anteil von bettelarmen Menschen nicht zu übersehen. Almosenempfänger offenbar, die hier im Haus Gottes ihre Stunden verbringen. Sie werden von der Mildtätigkeit der Kirchen aufgefangen.

Doch bei genauerem Hinschauen entdecke ich im Kultraum alle die Schichten der Bevölkerung, die auch sonst in der Stadt zu sehen sind. Berufstätige, Krawattenträger, die von der Arbeit kommen und auf dem Heimweg ihre Kerzlein spendieren. Viele Junge darunter, Männer wie Frauen. Sie halten ein paar dieser dünnen Kerzen in der Hand, zünden sie an. Gehen hinüber zu den Glaskästen mit den Ikonen, schlagen weitausholend und schnell das Kreuz, mehrmals meistens, mit mehr Schwung als bei uns die Katholiken, wo das eher verträumt wirkt. Verbeugen sich vor dem Bild der Ikone und legen die Stirn auf die Glasplatte, manche küssen es auch. Die Frauen vorne singen weiterhin ihre Chorāle, und die Kerzen duften dazu. Es ist Bewegung in der Kirche, ein Kommen und Gehen im Haus Gottes an diesem frühen Freitagabend in Charkiw.

Im Vorraum der Kirche, dort, wo man die Kerzen kaufen kann, stehen Frauen um einen Tisch herum und füllen Zettel aus. Kein einziger Mann unter ihnen. Jetzt kapiere ich den Zusammenhang. Fürbitt-Kathedrale heißt diese Kirche. So heißt sie nicht umsonst. Mit dem ausgefüllten Zettel stellen sich die Frauen brav in die Schlange, geben ihn an der Kasse ab, für ein paar Münzen, einen winzigen Betrag, zehn oder zwanzig Kopeken. Eine junge Frau, das Söhnchen neben sich am Knie, hält ein ganzes Bündel von Zetteln in der Hand. Da muss sich ja einiges abgespielt haben in ihrem Leben.

Zeit zu gehen. Mein Bedarf ist gedeckt. Satt bin ich nirgendwo geworden. Doch dass es für die Menschen dieser Stadt Orte gibt, wo sie hingehen können, sobald die Tempel des Konsums ihre Pforten schließen, das empfinde ich an meinem heiligen Abend heute doch als einen großen Trost.

Vom Fallen und Siegen

Zurück aus Charkiw, bin ich zuhause gleich hinabgestiegen in die Grüfte meines Kellers, wo die alten Familienpapiere lagern, in einem mäßig großen Karton des schwedischen Möbelkaufhauses. Die Akte Hermann Z. ist kaum dünner als die wenigen Schriftstücke, die von meinem Vater auf mich gekommen sind.

Wie und warum sie bei mir landeten? Vater hat sie wohl meiner Mutter in die Reisetasche gesteckt, bevor sie Mitte Februar 1945 mit den Kindern Breslau verließ, um im Westen des Landes sicherer zu sein. Die Unterlagen müssen für ihn also eine große Bedeutung gehabt haben. Ein halbes Jahrhundert lagerten sie unberührt in irgendwelchen Truhen.

Vor meiner ersten Reise nach Charkiw, in den frühen 1990er Jahren, berührte mich ein Verdacht. „Scharkow"? War das nicht der Ort, wo ein Onkel gefallen war, ein gutes Jahr vor meiner Geburt, „in Russland", wie es in der Familie hieß? So kam mir zum ersten Mal der Kriegstod dieses Onkels näher, von Charkiw aus machte ich mich auf die Suche nach Rogun - und fand dabei die Erzählung SOLNISCHKO.

Die Tage in der Ukraine hatten mich gepackt. Nürnberg, wo ich damals lebte, ist die Partnerstadt von Charkiw, und es besteht ein gut ausgebautes Netz von bürgerschaftlichen Aktivitäten zwischen den beiden Städten. Dabei traf ich Gottfried M., einen älteren Mann, der regelmäßig dorthin fuhr und sich stark an den umfangreichen ehrenamtlichen Hilfsaktionen für Charkiw beteiligte. Er tat das aus einem guten Grund.

Als „einfacher Landser", wie er sagte, hatte er im

Zweiten Weltkrieg an den Kämpfen um Charkow teil-
genommen. Lebhaft erinnerte er sich noch an die
letzten Tage, bevor die deutsche Wehrmacht die Stadt
verlassen musste. Die Stimmung in der Truppe sei „ge-
drückt" gewesen. Während „der Russe in Munition
schwamm", habe es bei ihnen gewaltige Nachschub-
probleme gegeben, vor allem bei der Munition. Als
man daranging, in den ersten Augusttagen die eigenen
Geschütze zu sprengen, habe ihn nur noch ein einziger Gedanke umgetrieben: rechtzeitig hier wegzukom-
men, möglichst mit heilen Knochen.

Meinem Onkel war er nicht begegnet, aber Gottfried M. konnte mir ein paar nützliche Hinweise geben.
So kam ich an die Wehrmachtsberichte von der Front
bei Charkow, dicht mit Schreibmaschine beschriebe-
ne Din A-4-Seiten. Ein minutiös geführtes Tagebuch,
mit Minutenangaben, handschriftlich abgezeichnet:
„F.d.R. (Für die Richtigkeit) Seider (?, unlesbar)."

Der 14.August 1943, der Tag, an dem Hermann Z.
fällt, ist „heiß und sonnig". Am Vortag war die Brauerei
Nowaja Bavaria eingenommen worden, und vor ihrer
Sprengung wurde das Bier „teilweise an alle Truppen-
teile ausgegeben". Heute um die Mittagszeit („13.40")
wird „Oberleutnant Höppner zum Korps entsandt, um
die angespannte Artilleriemunitions-Lage zu melden."
Die Klagen über das Ausbleiben von Munition wieder-
holen sich seit langem.

Drei Stunden später („16.20") kehrt „Rittmeister von
Seckendorf von der Führungsstaffel zurück. Statt der
dringend benötigten Munition bringt er den „Befehl
des Führers" mit: „Die Stadt Charkow muss gehalten
werden!"

Am Vormittag des 14. August hatte es auf deutscher Seite bereits wieder hohe Verluste gegeben. Die Kompanie, in der Hermann Z. kämpfte, versuchte noch einmal, die stark überlegenen sowjetischen Kräfte anzugreifen, und der Gegenstoß sei zunächst auch „erfolgreich" verlaufen. Das behauptet der Unteroffizier Karl A. Er berichtet weiter, Hermann Z. habe die Leitung der Einheit übernehmen müssen, nachdem der bisherige Führer verwundet ausgefallen sei. „Wie mir Kameraden erzählten, wäre Z. in sehr guter Laune gewesen und hätte die Männer angefeuert und ermuntert." Bis zuletzt an Z.'s Seite kämpfte der Stabsfeldwebel G. „Als wir uns wieder festgesetzt hatten, freuten wir uns des durchschlagenden Erfolgs. Ich lag höchsten zwei Meter von Z. entfernt, als der Russe uns mit einem ziemlich starken Feuerüberfall überraschte. Alles blieb in voller Deckung. Nach dem Feuerüberfall rief ich: „Herr Oberleutnant!", erhielt jedoch keine Antwort. Ich kroch zu ihm, aber er hatte uns schon verlassen. Ich stellte fest, dass ihm ein Splitter das Rückgrat durchschlagen hatte.

Nun musste ich die Kompanie übernehmen. Gerade war ich in ein Loch gesprungen, da kam Unteroffizier A. Ich befahl ihm, die Erkennungsmarke Z.'s durchzubrechen, Soldbuch und sonstige Gegenstände an sich zunehmen. Wir verluden Z. auf eine Zugmaschine, so dass er nach rückwärts gebracht wurde. Wo man ihn beigesetzt hat, ist mir unbekannt. Die Art der Verwundung, die den Tod herbeiführte, sagt Ihnen, dass er nicht gelitten hat."

Gleich nach der Nachricht vom Tod seines Bruders an der Ostfront schrieb mein Vater einen Brief aus Breslau an das Bataillon und bat um nähere Informationen. Dieses Schreiben kam höchst ungelegen, denn gerade in diesen Tagen tobten die heftigsten Kämpfe um Charkow. Es ging zu Ende. Die Front brach zusammen, die Wehrmacht wurde aus der Stadt vertrieben. Kein Wunder unter diesen Umständen, dass erst einen Monat später, am 10.10.1943, die Antwort des Feldwebels und stellvertretendes Adjutanten H. kam.

„Die Einheit bedauert, Ihr Schreiben vom 7. 9. 43 infolge der harten Kämpfe der letzten Tage erst heute beantworten zu können und dies auch nur ungenügend, da der größte Teil der z.Zt. bei den Kämpfen um Rogun, bei denen Ihr Bruder den Heldentod fand, eingesetzten Bataillon-Angehörigen inzwischen ausgefallen ist" – eine schonende Umschreibung, dass auch sie alle inzwischen den „Heldentod" gefunden hatten. Immerhin konnte der Feldwebel Vater die Adresse des Unteroffiziers A. nennen, der die Armbanduhr des Gefallenen an sich genommen habe.

Ende Oktober 1943, drei Monate nach Hermann Z.s Tod, traf seine Armbanduhr bei dem ältesten Bruder in Breslau ein, verschickt aus Chemnitz. Da gehörte die Anwesenheit des deutschen Heeres in Charkow längst der Vergangenheit an. Am 23. August 1943 war die Rote Armee in die Stadt eingezogen und blieb dort länger als erwünscht.

Der monumentale Rotarmist aus schwarzem Erz, das Denkmal eines militärischen Sieges, behauptet bis heute seinen Platz am „Prospekt der Wissenschaft" in Charkiw, seit kurzem allerdings mit gelbblauer Fahne am MG.

Mein liebster Ort in dieser Stadt.

Schnee ist geduldig

Gustav (Gustl) L., Professor der Psychologie an mehreren Universitäten und lebenskluger Freund aus gemeinsamen Nürnberger Tagen, einer der originellsten Personen, die mir im Leben begegnet sind, erzählt vom Kriegswinter 1941/42, den er als Sanitätssoldat der deutschen Wehrmacht vor Charkow verbracht hat. Er war damals 21 Jahre alt.

„Nach dem Einfall in die Sowjetunion bauten wir als Sanitätskompanie jeweils ca. 20 km hinter der Südfront nur für Tage unseren Hauptverbandsplatz auf, um Verwunderte lebensrettend zu behandeln. Bei plötzlichem Einbruch eines schneereichen Winters stand die Front südlich von Charkow, und unser Verbandsplatz wurde in der Gesamtschule von Baranovka buchstäblich eingeschneit. Sani-Offiziere und Unteroffiziere wurden vom Quartiermeister möglichst nahe an der Schule in einigermaßen komfortablen Bürgerhäusern untergebracht, aber ich - der Sanitätsobergefreite L. und andere *underdogs* - wurden angewiesen, sich selbst eine Unterkunft zu suchen. Ich brauchte nicht zu suchen, denn zu mir kam eine alte Frau und sagte (dem Sinne nach): „Doktor, Kind krank, bitte helfen", wobei sie mir ihren Ehering entgegenstreckte. Sie führte mich in eine abgelegene Holzhütte, wo eine junge Mutter ihr fiebriges Kind mit Umschlägen behandelte. Ohne eine Diagnose auch nur zu erahnen, ging ich zurück zu unserer Feldapotheke, „stahl" dort Aspirin und Prontosil (ein Sulfonamid) und flößte beides, in Honigwasser aufgeschwemmt, dem Buben Taras ein.

Da es Nacht geworden war und dichter Schneefall

einsetzte, blieb ich entgegen der Quartierorder und schlief auf Omas Bettstatt im Nebenraum der Holzhütte. Wie durch ein Wunder war der dreijährige Bub morgens putzmunter und seine Mutter Natascha überglücklich. Über die Oma bat sie mich wiederzukommen. In Omas Begleitung fand ich durch Neuschnee stapfend unseren Verbandsplatz und den Quartiermeister, dem ich meldete, ich hätte ein Quartier gefunden, wenngleich weitab am Ortsrand in einer *Hundehütte*, aber mit Brennholz! Ob ich dort nicht partisanengefährdet sei, fragte der Unteroffizier. Hier kein Partisan", sagte Oma. Der Quartiermeister besah sich meine Unterkunft in spe, wobei sich weder Natascha noch ihr Sohn sehen ließen, und gab sein Plazet. Ein Nachbar spielte Omas Ehemann. Ich war s zufrieden und freundete mich nicht nur mit Oma, sondern auch mit ihrer Tochter an, obwohl sie weder hübsch noch sprachenkundig war.

Aber die nicht-verbale Kommunikation funktionierte und wurde von Tag zu Tag enger und inniger. Zärtlich und intim aber wurde sie erst, nachdem ich Taras eine Rippe Schokolade zugesteckt und den beiden Frauen ein nachgefülltes Kochgeschirr mit heimgebracht hatte – ziemlich regelmäßig mittags oder abends, je nach Dienstplan. Sonst gab es zu Hause nur *schtschi* und *kascha*, Kohl und Hirsebrei, gekocht auf einem Kanonenöfchen, das auch zur Schlafenszeit ein wenig wärmte. Wenn nicht, dann duldete die Oma, dass ich zu Natascha unter die Daunendecke schlüpfen durfte, und bald ergab sich so etwas wie ein glückliches und, in meiner Erinnerung, schönstes Eheleben. Natascha erfühlte, wann ich müde oder in Stimmung war und überforderte mich nicht, obschon sie fast täglich bereit war. Sie erlebte auch meistens synchron mit mir, ohne dass ich meinen eigenen Erregungsablauf habe steuern müssen. Das hatte ich bis dahin (und auch noch lange danach) nicht erlebt. Taras, auch im Ehebett, wachte manchmal auf, wenn er Laute von Mama vernahm, die er tagsüber so nicht vernommen hatte. Seine Angst verflog, wenn ihn Mama in die Arme nahm, ihn streichelte und küsste, bis er wieder einschlief.

Der echte Papa war schon vor Kriegsausbruch eingezogen worden und hatte danach den letzten Brief geschrieben. Einer Militärnachricht nach war er bei Schitomir gefallen, so dass Natascha sich nicht untreu fühlen musste, wenn ich seine Stelle einnahm, ohne daß ich von wissenden Kameraden verpetzt worden bin. Andernfalls wäre ich von einem Unteroffizier vertrieben worden – aus einem Paradies, das keine Kämpfe kannte, da hoher Schnee die Front hatte erstarren lassen. In den Monaten dieses extrem harten Winters erschöpften sich die Aufgaben der Sanitätskompanie darin, Erfrierungen zu behandeln und Schneisen und Tunnels durch den Schnee auszuheben, damit wir nicht, wie die Dorfbewohner, zusätzlich zur Kälte auch noch Hunger litten.

Leider war diese Idylle nach vier Monaten zu Ende. Als im April der Schnee geschmolzen war und die Front sich in Richtung Stalingrad zu verschieben begann, musste auch die Sani-Kompanie nachrücken, mit Mann und Maus und Motorradfahrern samt Sanitätsbedarf.

Niemals später habe ich drei Menschen so weinend erlebt wie bei meinem Abschied in Baranovka. Nie mehr später war ich selbst so tief traurig wie bei diesem Abschied mitten in einem erbarmungslosen Krieg. Was mit Natascha nach 1945 geschehen ist, habe ich nicht erfahren. Vielleicht ist ihr Sibirien erspart geblieben, weil sie ihren Sohn mit Hilfe eines deutschen Sanitätssoldaten nicht hat verhungern lassen müssen."

Letzte Zeugen

In den frühen 1990er Jahren kam ich zum ersten Mal nach Charkiw, in einer Gruppe von Nürnberger Schriftstellern. Im Rahmen der Städtepartnerschaft Nürnberg-Charkiv wollten wir uns dort mit unseren ukrainischen Kollegen treffen. Auf beiden Seiten waren wir überrascht, wie reibungslos uns das gelang. Wir schauten uns in die Augen – nichts stand zwischen uns. Daraus sind Beziehungen erwachsen, die bis zum heutigen Tag halten, und das lange vor der Epoche des Internets. (Ein Brief von hier nach dort brauchte damals mehrere Wochen.) Im Lauf der Zeit erweiterten sich die Kreise, und ich lernte immer mehr Menschen kennen, die sich für die Städtepartnerschaft Nürnberg- Charkiv engagierten und regelmäßig in die Ukraine reisten.

Einer von ihnen war Gottfried M., jenseits der Siebzig damals, in den frühen 1990er Jahren, ein gescheiter, tatkräftiger Mann. Und er hatte mir viel zu erzählen aus den sieben Jahren seines Kriegseinsatzes und der anschließenden Gefangenschaft, die er in und um Charkow verbracht hat. Diese Erfahrungen haben natürlich tief in sein damals junges Leben eingegriffen und ihn niemals losgelassen.

Mit achtzehn Jahren war Gottfried M. in den Krieg befohlen worden, von der Schulbank weg. Ein Jahr später stand er bereits an der Ostfront, als Funker. Mitte August 1943 nahm er an den letzten Kämpfen um Charkow teil. Meinen Onkel Hermann, der dabei gefallen ist, kannte er zwar nicht. Aber er konnte mir genau die militärische Lage vergegenwärtigen, in der er seinen Tod gefunden hat.

Am 4. Juli 1943 war der „Führerbefehl" zum Unternehmen *Zitadelle* ergangen, eine Offensive gegen die vorrückende Rote Armee. Charkow musste um jeden Preis gehalten werden. Auch neue Panzer (*Tiger* und *Panther*) kamen zum Einsatz. Dennoch: Schon nach fünf Tagen brach der Angriff der Wehrmacht in sich zusammen. Das Unternehmen *Zitadelle* war gescheitert. „Wir hatten große Ausfälle", sagt Gottfried M., militärisch knapp in der alten Sprache. Einer dieser „Ausfälle" war Onkel Hermann.

In diesen verlustreichen Schlachten um die Stadt Charkow ist die militärische Entscheidung an der europäischen Ostfront im Zweiten Weltkrieg gefallen.

An einen der letzten Angriffe der Deutschen vor Charkow kann Gottfried M. sich lebhaft erinnern, denn er wurde dabei schwer verwundet. Von der linken Seite seien ihnen Truppen entgegen gekommen, und die Kameraden hätten alle schon „Hurra!" gebrüllt. Bis mit einem Mal von dort geschossen wurde – es waren also doch Russen. Die mussten aber von dem deutschen „Hurra!" irritiert gewesen sein und trafen schlecht. Die Deutschen schossen ihre Maschinengewehre leer, die Russen warfen Handgranaten zurück. Eine davon landete direkt vor M.s Füßen. Er, der Funker, war gerade dabei, das Telefon abzubauen, um es mit nach rückwärts nehmen zu können. Sofort ging die Granate hoch. Um ihn eine Rauchwolke, in der er vollkommen verschwand. Unsichtbar. Und Schmerzen überall, am Auge, an der Schulter, am Fuß. Der Wachtmeister vor ihm hatte einen Lungendurchschuss bekommen. Ein breiter Blutstrom schoss aus seinem Körper hoch. Der dritte ihrer Gruppe, der unverletzt geblieben war, sagte: „Es hat keinen Zweck mehr", und brach dem Wachtmeister die Erkennungsmarke ab.

Der aber ist noch bei Bewusstsein.

„Es hat keinen Zweck mehr?", röchelt er. „Dann grüßt meine Verwandten in der Heimat." Zieht die Pistole und schießt sich in den Kopf, aus Angst, den Russen in die Hände zu fallen. Den Angehörigen werden sie später erzählen, ihr Kamerad sei gefallen.

Der verletzte Gottfried M. wird ins Lazarett geschleppt. Das Blut sei ihm aus der Augenhöhle gelaufen, versetzt mit Pulver und Blei. Und vor allem die Angst: Das Auge weg ... Doch der Arzt im Lazarett konnte ihn beruhigen. Der Augapfel war verschont geblieben.

Anders als der Wachtmeister neben ihm und mein Onkel Hermann hat Gottfried M. den erfolgreichen Gegenstoß der Roten Armee also überlebt. Am 23. August war die Wehrmacht vor Charkow endgültig geschlagen und musste den Rückzug antreten, Richtung Süden. Dort, in Rumänien, gingen für M. die Kämpfe weiter, bis er, ein Jahr danach, in russische Gefangenschaft geriet. In Kischinev, heute Moldawien.

Wie ich mir eine solche Gefangennahme vorstellen müsse, frage ich Gottfried M., der mit wohltuend trockener Nüchternheit von seinen Kriegserlebnissen erzählt.

Ein sowjetischer Offizier ließ die verwundeten Gefangenen zusammenkommen, am Dorfrand. Sie kämen in ein Lager und würden dort ordentlich behandelt und versorgt, versicherte er ihnen. Und wirklich kam eine russische Sanitäterin und habe ihm den Fußverband aufgeschnitten und erneuert. Hart wie Beton sei er gewesen durch das Blut.

Von dem Leben im Gefangenenlager mag Gottfried M. nicht reden. Jeden Tag seien dreißig, vierzig von ihnen weggestorben, darunter auch Ärzte. Von russischen Ärzten keine Spur mehr. Die hätten sich ferngehalten, aus Angst, sich bei ihnen anzustecken. Flecktyphus ging um, die Ruhr. Um jeden Kontakt mit ihnen zu vermeiden, sei der Essenskübel zu ihnen reingeschoben worden. Bei dieser Kost sei er abgemagert „wie ein Handtuch". Länger hätte er das nicht durchgehalten. Doch dann – weiß der Himmel warum – sei er abkommandiert worden, im Frühjahr 1946. Wohin? Zurück nach Charkow. Zur Arbeit in einer Fabrik.

Und diese zwei Jahre im Elektromotorenwerk CHEMS sei die beste Zeit seiner Gefangenschaft gewesen. Nur deshalb sei er überhaupt noch hier. Die Hilfsbereitschaft dieser Menschen dort könne und wolle er niemals vergessen. Was er da als junger Kerl zwischen 23 und 25 Jahren erfahren habe, sei ein Schatz seines Daseins geworden, den er nicht missen möge.

In der Ankerwicklerei

ERINNERUNGEN AN DAS LAGER CHEMS (Charkower Elektromotorenwerk), von Frühjahr 1946 bis Frühjahr 1948

„Im Frühjahr 1946 kam ich in das große Kriegsgefangenenlager CHEMS in Charkow. Damit endete die schlimmste Zeit meiner Gefangenschaft. Ich hatte Glück, dass ich meine Verwundung (mein rechter Fuß war durch Granatsplitter kaputt), Ruhr, Flecktyphus und Distrophie überlebte. Das war vom August 1944 bis Mai 1945 in den Lagern Kischinew, Tiraspol und Kupjansk. Ab Mai 1945 kam ich zum Arbeitseinsatz, zuerst in einer Kolchose und dann in zwei ehemaligen, im Wiederaufbau befindlichen Zuckerrübenfabriken bei Kupjansk.

Das Lager CHEMS brachte eine gewaltige Verbesserung. Wir waren zwar in einer großen Masse auf engem Raum untergebracht, aber es war sauber, wir schliefen auf nebeneinander stehenden Pritschen – drei übereinander, im Winter mussten wir nicht frieren. Das Lager war in Kompanien und Brigaden eingeteilt. Bei den Gesundheitskontrollen wurden wir einer Ärztin vorgestellt. In gewissen Zeitabständen konnten wir uns in der *Banja* duschen (sie lag vom Werkseingang links, und wir hatten keine Läuse mehr.) Das Essen war zwar nicht üppig, aber doch wesentlich besser als in den anderen Lagern.

Ich war anfangs sehr schwach, aber ich erholte mich langsam. Wir erhielten fünf Gramm Tabak pro Tag. Ich rauchte nicht und tauschte meine Tabakrationen gegen Brot ein. Wenn ich auf Nachtschicht arbeitete – das war von 17 Uhr bis 1 Uhr nachts –, half ich oft mittags in der Lagerküche bei der Essensausgabe, und dafür erhielt ich dann die doppelte Essensportion. Einen Vorteil hatte ich durch meinen Arbeitsplatz bei M 4. Die Frauen und Mädchen der Ankerwicklerei schenkten mir manchmal, obwohl sie damals selbst nicht viel hatten, ein Stück Brot. Nach meiner Erinnerung gehören Halja B. und Alexandra B. dazu. Auch unsere Meisterin Baibakowa hat mir geholfen. Sie frug mich einmal: „Ist das Essen schlecht?" Als ich bejahte, brachte sie aus der Kantine oder von sonst wo in meinem Kochgeschirr für mich eine Zeit lang Essen an meinen Arbeitsplatz mit. Das alles half mir, dass ich im Lager CHEMS langsam wieder zu Kräften kam.

Mir gefiel es in der Ankerwicklerei bei M 4 sehr gut, es war einer der schönsten Arbeitsplätze für einen jungen deutschen Kriegsgefangenen. Welcher Mann arbeitet nicht gern unter jungen Frauen und Mädchen! Den vollen Namen von Halja Baidala habe ich mir gemerkt. Sie war eine tüchtige Arbeiterin, ein schönes Mädchen mit schwarzen Haaren. Ich habe sie gern gesehen. Den Namen einer anderen habe ich nicht behalten, aber ich weiß noch, wie sie als ein ganz junges Mädchen zu M 4 kam. Sie war damals ein sehr hübscher 15jähriger *teenager*. Meisterin Baibakowa war eine stattliche, energische Frau. Von der stellvertretenden Meisterin Wera weiß ich wenig. Lissa war ein lebhaftes Mädchen. Sie überprüfte manchmal die Motoren nach bestimmten Arbeitsgängen. Dann kann ich mich noch an Marusja erinnern, ihr kräftiges, rundes Gesicht. Ich meine, sie war so etwas wie eine Vorarbeiterin. Bei M 4 lernte ich auch etwas Russisch. Zwei Schwestern, die während des Krieges in Deutschland arbeiten mussten, konnten Deutsch. Ich unterhielt mich manchmal mit ihnen und ließ mir das russische Alphabet auf ein Blatt schreiben. Leider gab es im Lager kein Lehrbuch für Russisch. Es wurde kein Wert darauf gelegt, dass die Gefangenen die russische Sprache lernen. Zeit dazu wäre im Lager genug gewesen. Ein Mann arbeitete als Löter, er schimpfte und brummte öfter mal.

Ich musste nicht nach Norm arbeiten, das heißt: Ich musste nicht ein bestimmtes Arbeits-Soll erfüllen wie meine Kameraden an den Maschinen und die russischen Männer und Frauen. Ich hatte eine leichte Aufgabe. Mit Schaufel und Besen hielt ich den Bereich der Ankerwicklerei schön sauber, holte aus dem Lager das notwendige Material, half mit beim Umsetzen der Motoren nach den verschiedenen Arbeitsgängen (Einhängen und Aushängen des Hakens vom Kran), goss das flüssige Lötzinn in einer Eisenschiene zu Lötstangen. Wenn ich nichts anderes zu tun hatte, schaute ich beim Löten zu und lernte das Löten mit Lötkolben, Lötzinn-Stange und Kolophonium. Nach der Überprüfung und Abnahme sagte ich dann zu einem der Mädchen, sie könne den fertig gelöteten Motor auf ihren Namen aufschreiben, damit sie höhere Prozente bekomme.

Wir hatten einige deutsche Spezialisten an den Drehbänken und Fräsmaschinen dabei, die auf sehr hohe Prozente kamen (manchmal über 300 %). Diese erhielten meines Wissens ab 1948 auch Rubel ausbezahlt, und zwar was über 150 Rubel hinausging. Die ersten 150 Rubel wurden ans Lager für Unterhalt und Verpflegung abgeführt.

Auf einer Tafel gleich bei der Ankerwicklerei wurden jeweils die Namen der Arbeiter und Arbeiterinnen mit den besten Arbeitsleistungen aufgeschrieben und auf einer anderen die mit den schlechtesten Ergebnissen.

Gefangenschaft ist kein angenehmes Leben. Aber ich muss sagen, sowohl der ukrainische Lagerkommandant, Major Ch., wie auch der deutsche Lagerführer Sch. und der stellvertretende Lagerführer Paul N. bemühten sich, das Leben der Lagerbewohner möglichst erträglich zu machen und zu verbessern. Im Gegensatz zu anderen Lagern hatten wir es bei CHEMS gut. Es wurde für alles gesorgt. Bei der Größe des Lagers gab es Fachleute und Handwerker aller Art, wie Frisöre, Schneider, Schuhmacher, Köche, Schreiner, Schlosser, Maler, Anstreicher, Elektriker usw., aber auch Künstler, Musiker, Sänger, Dirigenten, Regisseure, Schauspieler, hatten wir unter uns. Wenn die Räume des Lagers zum Beispiel neu gestrichen werden sollten, wurden die Farbe und das benötigte Material aus der Fabrik *organisiert* und unauffällig ins Lager geschmuggelt. Ich brachte auch einige Male Lackfarbe von M 4 in kleinen Eimern ins Lager. Man möge mir das verzeihen, aber das war allgemein so üblich, und ich bemerkte, dass die Ukrainer auch viel aus dem Betrieb mit nach Hause nahmen wie z.B. Holz zum Heizen oder Bleche zum Dachabdecken. Ich sah sogar mal einen Lokomotivführer, wie er ein ganzes Bündel Blech unter den Achsen der Lokomotive befestigte und damit hinten aus der Fabrikhalle hinausfuhr.

Ich hatte entdeckt, wenn ich die schwarzen Glimmerplatten (Isoliermaterial) in Benzol legte, dann löste sich der darüber gespannte Stoff ab, der dem Glimmer

Halt verlieh. Und wenn ich dann den Stoff nochmals in sauberem Benzol durchwusch, hatte ich einen Quadratmeter Leinenstoff. Diesen Stoff brachte ich ins Lager und unser Lagerschneider machte Hemden daraus. Ich erhielt dafür Brot, das war damals die gängige Währung. Wir meinten, wenn wir für die Fabrik arbeiten, dürfen wir uns auch manches nehmen.

Es wurde auch viel gehandelt. Die Spezialisten stellten alle möglichen Sachen her, die dann wieder an die Ukrainer verkauft wurden: z.B. aus weißem Isolierband geflochtene Einkaufsnetze oder aus buntem Isolierdraht geflochtene Taschen oder Gebrauchsgegenstände wie Messer, Gartengeräte oder auch Schmuckgegenstände wie Ringe aus Kupfer oder Herzchen – Halja Baidala hatte noch einen solchen Ring und ein Herzchen mit ihrem Namen und schenkte jetzt beides mir. Das ist für mich eine wunderbare Erinnerung an die Zeit meiner Gefangenschaft im Lager CHEMS und an einen lieben Menschen.

Aus den Reihen der Musiker und Künstler wurden ein großer Lager-Chor und ein Lager-Orchester sowie ein Theater-Ensemble gebildet. Sie schrieben die Noten aus dem Gedächtnis auf und auch ganze Theaterstücke. Die Musikinstrumente wurden unter Mithilfe des ukrainischen Lagerkommandanten gekauft. Bezahlt wurden sie aus den Überschüssen unserer Spezialisten und Bestarbeiter.

Zu Neujahr gab es jeweils eine große Theateraufführung, wie z.B. „Der Zigeunerbaron" oder „Die lustigen Tiroler", an der auch die ukrainischen Lagerleiter samt ihren Frauen teilnahmen. Sie saßen ganz vorne und haben tüchtig Beifall geklatscht. Beim Theater half alles zusammen: Chor und Orchester, der Schneider hatte die Kostüme gefertigt, der Frisör die Perücken, Maler und Schreiner den Bühnenaufbau. Man musste staunen, was alles geboten wurde. Die Konzerte, Liederabende und Theateraufführungen brachten Abwechslung und etwas geistige Nahrung, die ich so sehr vermisste, in den so langweiligen Alltag der Gefangenen.

Noch etwas muss ich lobend erwähnen. Auf Betreiben der Lagerleitung wurde ein Fotoapparat gekauft und bezahlt. Das war unter den damaligen Verhältnissen etwas ganz Besonderes. Wir wurden alle fotografiert und konnten ein Foto nach Hause schicken. Was war das für eine Freude für meine Eltern und Geschwister! Das war im Jahr 1947. Außer den Offizieren und den Musikern und Künstlern hatten wir damals alle eine Glatze. Ich musste deshalb beim Fotografieren eine geliehene Mütze aufsetzen und außerdem ein Hemd mit Kragen anziehen, denn für meine Angehörigen daheim wäre ich mit einem Glatzkopf ein ungewohnter Anblick gewesen. Später konnte ich ein zweites Foto mit Steppjacke und Schapka heimschicken.

Es hat übrigens zwei Jahre gedauert, bis meine Eltern das erste Lebenszeichen aus der Gefangenschaft von mir erhielten. Wie sehr haben sie sich gefreut, als die Rotkreuz-Karte mit 25 Worten Text, den ich heute noch weiß, eintraf. Meine Angehörigen waren an diesem Tag gerade weit draußen auf dem Feld bei der Kartoffelernte. Die Briefträgerin brachte, als sie niemand daheim antraf, eigens die Karte hinaus aufs Feld. Wie ein Lauffeuer verbreitete es sich im Dorf, dass ich noch am Leben und gesund bin. Es dauerte dann eine Zeit, und ich erhielt die erste Karte von meiner Mutter. Da

126

war nun die Freude bei mir riesengroß. Ich zeigte die Karte Halja und den anderen Mädchen. Ich erzählte von meinen Eltern und Geschwistern, und alle freuten sich mit mir.

Während der Sommermonate des Jahres 1947 war ich nicht bei M 4, sondern bei einer Baubrigade. Wir wurden jeden Tag unter Aufsicht eines Postens mit einem Lastwagen von CHEMS aus rechts ab in die Stadt zu einer großen Baustelle gefahren. Dort halfen wir mit bei dem Neubau großer Mietshäuser. Ich musste Steine tragen, Sand fahren, Mörtel mischen. Ich weiß nicht, wo die Baustelle lag. Wir mussten uns während der Fahrt auf den Boden des Lastwagens setzen, und so haben wir von der Stadt selbst nichts gesehen.

Unangenehm empfand ich das dauernd Eingesperrtsein und den Massenbetrieb. Man war viele Jahre von den Angehörigen getrennt und wusste nicht, wie lange das dauert. Man hatte keinen persönlichen Bereich, war immer in der Masse im Schlafsaal, beim Essen, sogar auf der Toilette. Die Arbeit unter den Frauen bei M 4 war für mich eine Abwechslung und wie eine Erholung.

Ich hatte Sehnsucht nach daheim. Ich hatte oft Langeweile. Was tun im Lager in der freien Zeit? An Büchern war nichts da. Lediglich aus Moskau kam monatlich die Antifa-Zeitung „Freies Deutschland" in deutscher Sprache, sehr viel Propaganda. Die Gespräche unter den Kameraden waren meist auch nicht von hohem Niveau. Thema Nummer Eins war Essen. Mit den schönsten Farben wurde die Zubereitung einzelner Menüs oder von Torten usw. geschildert. Während der Soldatenzeit war das Thema Nummer Eins Frauen und

Mädchen. Erst gegen Ende der Gefangenschaft wurde das dann wieder interessanter.

Als ich im Mai 1950 die ersten Vorlesungen an der Universität in Würzburg besuchte, merkte ich, dass ich überhaupt kein geistiges Training mehr hatte. Im August 1942 war ich zum Militär gekommen, mit Neunzehn, und seitdem hatte die geistige Beschäftigung gefehlt.

Im Frühjahr 1948 kam ich zum Straßenbaulager Schuralowka südlich von Belgorod. Meisterin Baibakowa hatte sich noch beim Natschalnik vom M 4 für meinen Verbleib eingesetzt. Da ich aber nicht zu den Spezialisten zählte, kam ich weg von den Frauen und Mädchen bei M 4, wo es mir so gut gefallen hat.

Das Lager CHEMS wurde dann im Juli 1948 aufgelöst. Andere Kameraden erzählten mir, dass der ukrainische Lagerkommandant seine deutsche Lagermannschaft in einem großen Eisenbahnzug bis nach Frankfurt/Oder brachte. Ich selbst wurde im November 1949 aus dem Straßenbaulager Pereschtscheppino, wo ich zuletzt war, in die Heimat entlassen.

Vieles ist mir nicht mehr genau in Erinnerung. Manches mag ich auch verwechseln. Zusammenfassend kann ich aber nochmals sagen: Das Lager CHEMS war ein gutes Lager. Wenn alle Lager so gewesen wären, vor allem zu Beginn, dann hätten viele Tausende meiner Kameraden ihre Heimat wieder gesehen. Was mir in guter Erinnerung bleiben wird, das ist die Menschlichkeit und die Freundlichkeit, die ich von den Frauen und Mädchen in der Ankerwicklerei erfuhr. Das werde ich nicht vergessen! Und ich bin glücklich, dass ich in Halja Baidala und Alexandra Babenko zwei dieser gu-

ten Mädchen nach 43 Jahren wieder getroffen habe."
Niedergeschrieben im September 1992. Und da hat
Gottfried M. bereits die dritte Reise nach Charkiw hinter sich. Ganz freiwillig, ohne Waffe in der Hand ist
er zurückgekommen in ein Land, in dem er gezwun-
genermaßen siebeneinhalb Jahre seines Lebens verbringen musste. Dieses Mal sind die Zeitumstände,
in denen er lebt, ihm günstig gestimmt. Der Kollaps
des Kommunismus hat gerade die Grenzen über Osteuropa niedergelegt, da ergreift er sofort die Gunst der
Stunde und nimmt Kontakt zur Ukraine auf. Schon im
Januar 1990 schreibt er einen Brief an die Direktion
des Elektromotorenwerks CHEMS in Charkiv, in dem
er zwei Jahre als Kriegsgefangener verbracht hatte. Er
fragt an, ob ein Besuch dort möglich wäre. Zwei Monate später bekommt er Antwort, in gut verständlichem
Deutsch. „Wir wollen unsere Zustimmung in Bezug auf
den Besuch des Werkes CHEMS ausdrücken, zu jeder
beliebigen und bequämen für Sie Zeit." Ein Jahr später
reist er zusammen mit vierzehn Kriegskameraden, alle
über Siebzig, in die Ukraine, zurück in eine schlimme
Vergangenheit. Und Gottfried M. kann es kaum fassen.
Er findet in seiner Fabrik nicht nur den alten Arbeitsplatz vor, bis auf die Maschinen ist alles so geblieben.
Viel schöner aber und rührender noch: Er trifft die
Frauen und Mädchen wieder, die ihm einst heimlich
Brot zusteckten. Damals waren sie jung, jetzt sind alle
längst „Arbeitsveteranen" und würdige Babuschkas
geworden.

Und ihre Augen strahlen, als wäre das halbe Jahrhundert ein halber Tag gewesen!

Dankbarkeit verjährt nicht. Vielleicht wächst sie

sogar mit der Zeit. Nach dieser Begegnung engagiert Gottfried M. sich umso heftiger in der Städtepartnerschaft Nürnberg-Charkiw und versucht etwas von dem zurückzugeben, was ihm dort einst den Glauben an die Menschheit gerettet hat.

Eine wunderschöne, herzerwärmende Geschichte. Ein Märchen fast.

Die wahre Legende von Wera und Werner

Für Tanja

I.

Es war um die Jahrtausendwende, als ich Wera kennenlernte, in einem dieser hübschen alten Städtchen auf der Schwäbischen Alb. Vor mir stand eine kleine, zierliche Person, mit weißem Haar. So viel Lebendigkeit versprühte sie und Energie, dass ihr Alter ganz dahinter zurücktrat. Dabei musste sie, nach allem, was mir die Freunde aus Charkiw erzählt hatten, die Siebzig schon eine Weile hinter sich haben. Der Zweite Weltkrieg war ja bereits länger als ein halbes Jahrhundert Geschichte. Wir standen auf dem Stück Wiese vor ihrer Behausung, dem einzigen Asylantenheim in dem kleinen Ort. Obwohl es noch Februar war, strahlte die Sonne schon hell und wärmend, als befänden wir uns mitten im Frühling. Das Deutsch, das Wera sprach, zum Staunen - so gut wie fehlerfrei. Was mir als erstes ins Auge fiel an der zarten Frau, war ihr Schopf: das weiße, feste Haar, kurzgeschnitten und in die Stirn gekämmt. Am Nacken, modisch ausrasiert, sah man, dass es früher einmal schwarz gewesen war, und auch die vollen, struppigen Brauen über ihren Augen, waren noch dunkel. Sie trug die bequeme bunte Freizeitmode, wie sie hier im Land üblich geworden ist. Jeans, weiße Sportschuhe, einen Baumwollpullover, in Violett. Aber das Übliche sah bei ihr dann doch etwas anders aus. Ein Seidentüchlein hatte sie um den Hals geknotet, in einem helleren Ton, und auf der Brust prangte eine kompliziert verschlungene Brosche, verspielt, geheimnisvoll verschlüsselnd. Die stammte bestimmt nicht aus einem Kaufhaus hier.

Ihre derzeitige Unterkunft war ein einzelstehendes Gebäude inmitten von Gärten. Sein Holz wirkte noch frisch. Gerade auch jetzt in diesem Sonnenlicht des jungen Jahres sah alles hier so ordentlich aus, solide und freundlich. Zusammen mit einer kurdischen Familie und einem jüngeren Mann aus Eritrea bewohnte die alte Dame aus Charkiw das eingeschossige Haus. Doch kam man sich, wie sie sagte, nicht ins Gehege. Das Stückchen Wiese, auf dem wir jetzt standen, lag vor Weras Wohnung, und niemand außer ihr im Haus benutzte es. Sobald das Wetter es zuließ, saß sie hier in der Mittagssonne und hielt ein Nickerchen. Deshalb freute sie sich schon auf die kommende Jahreszeit, die sich heute bereits vorzeitig anmeldete.

„Mein Sommerpalais!" Lachend wies Wera mit dem Arm über ihre Ländereien, die nach drei Schritten an den Stachelbeersträuchern des Nachbarn endeten. „Ein bisschen Bauernhütte, und ein bisschen Boheme." Es war ihr anzusehen, daß sie sich wohlfühlte in dieser Bleibe.

Wie diese kleine energische Person vor drei Jahren hier gelandet war, in dieser Naturidylle mitten in der Schwäbischen Alb, gehört zu den Geschichten, die ein Schriftsteller niemals niederzuschreiben wagte, aus Sorge, vor dem Leser seine ganze Glaubwürdigkeit einzubüßen. Und alles hing mit diesem schrecklichen Krieg zusammen, vor fast einem Menschenleben. Man wagt es kaum zu denken, aus welchen menschlichen Abgründen die zartesten und schönsten Bindungen herauswachsen können, die zwischen zwei Menschen möglich sind.

Wera und Werner: Die beiden waren sich 1943 in der Kommandantur von Charkow begegnet, die die deutsche Wehrmacht nach ihrem Einfall dort eingerichtet hatte: Sie eine junge Frau von 24 Jahren, und er noch keine Dreißig. Wera, die auf der Universität Deutsch studiert hatte, arbeitete als Dolmetscherin in der Kommandantur, und der Soldat Werner holte sich dort als Kraftfahrer seine Aufträge ab.

Nach den Umständen, die die Zeit ihnen aufzwang, hätten sie Feinde sein müssen. Doch als die beiden einander anschauten, geschah etwas. Etwas, das sie selbst nicht begriffen. Es war keine flüchtige Romanze, die sich da anbahnte, sondern eine Verbindung, die für ihr ganzes Leben reichen sollte, das noch vor ihnen lag. Und das mitten in einem Krieg, zwischen Feinden auf Leben und Tod.

Trotz ihrer jungen Jahre lagen sowohl hinter der Ukrainerin wie hinter dem Deutschen bereits prägende Lebenserfahrungen.

Weras Vater, Professor an einer Pädagogischen Hochschule in Charkiw, war 1937 von den Kommunisten verhaftet und nach Sibirien verschleppt worden. Als Tochter eines „Volksfeindes" durfte sie nicht weiter studieren. Zwei Jahre später kam die Nachricht vom Tod des Vaters, Wera musste die Familie ernähren. Sie nutzte ihre Deutsch-Kenntnisse und verdingte sich als Übersetzerin bei den deutschen Invasoren.

Und die Frau des Soldaten Werner war vor einem Jahr gestorben, in der Heimat, Mutter zweier kleiner Kinder. Der junge Vater musste in der Ferne Kriegsdienst leisten. Er verlor allen Lebensmut und wollte sich schon an die vorderste Front versetzen lassen, um allem ein Ende zu machen.

In diesen bedrängenden Lebenssituationen steckten die beiden, als sie sich in der Maschinerie des Krieges begegneten, zwei kleine Rädchen. Prallten aufeinander wie zwei verirrte Kometen, die Tochter des ermordeten „Volksfeindes", und der feindliche Soldat, fanden sich, verloren sich und gaben einander Halt und Kraft und Lebensfreude. Kein Gedanke mehr bei Werner, sich an die vorderste Front zu melden. Das Leben war wieder kostbar geworden, jeder Tag, jeder Augenblick. Überwältigt von Glück füllten sie die Zeit mit ihrer Liebe - einerlei, was um sie geschah.

Jeden Tag, nach Dienstschluss, wanderte der deutsche Stabsgefreite zu der Dolmetscherin, in ihre Wohnung. Über den schmalen Fluss, der durch Charkow fließt, führte nur noch ein Holzsteg. Die normale Brücke war längst gesprengt.

Wie intensiv die beiden diese ihre Liebe lebten, zeigt eine kleine Episode.

Wegen einer Nachtfahrt, zu der Werner kurzfristig abgestellt worden war, konnte er an zwei Abenden nicht bei seiner Wera vorbeikommen. Sie wurde fast krank vor Sehnsucht. In ihrer Not schrieb sie Verse nieder, in seiner Sprache. (Dass ihr Universitätsdeutsch natürlich sowieso korrekter war als sein Dialekt von der Schwäbischen Alb, darüber hatten sie ständig viel zu lachen.)

Am nächsten Abend lag ein Gedicht fertig vor ihm auf dem aufgeschlagenen Bett.

GLÜCK ENTFLIEHT

Gestern warst du nicht bei mir
und warst es auch nicht heute
Liebling, was ist los mit dir,
was soll das bedeuten?

Sehnst du dich gar nicht nach mir,
willst mich nicht mehr sehen?
Hast du Langeweile hier?
Du kannst es doch gestehen!

Schatz, die kurze schöne Zeit
darfst du nicht versäumen
Schon ist Trennung nicht mehr weit,
Glück entflieht, wie Träume.

Und wenn s Glück entflieht, vielleicht
kommt's nicht mehr von neuen.
Und die dann verlorene Zeit
wirst du, ja, bereuen.

Und tatsächlich: „schon war Trennung nicht mehr weit". Die Frist ihrer Liebe war kurz bemessen. Bereits im August formierte sich die Rote Armee zu einer großangelegten Offensive auf Charkow. Die Wehrmacht konnte die Stellung nicht halten, musste türmen, Hals über Kopf. Zwar hatten Wera und Werner beschlossen, trotz der Kriegssituation zusammenzubleiben, wie auch immer das unter Kriegsfeinden funktionieren sollte. Sie mit nach Deutschland nehmen? Aber als Soldat war ja sowieso nicht daran zu denken, nach Hause zu kommen. Sogar ans Desertieren dachte der Stabsgefreite, um bei der geliebten Frau in der Ukraine bleiben zu können. Doch die heranrückende feindliche Armee warf alle diese Luftschlösser über den Haufen. Die Todesangst erwies sich vitaler als die Liebe.

Die Zeit drängte. Die Hektik im deutschen Heer wuchs von Stunde zu Stunde. Der Abmarsch musste um einen halben Tag vorverlegt werden. Werner konnte seine Wera nicht mehr erreichen. Noch nicht mal Abschied konnten die beiden Liebenden voneinander nehmen.

GLÜCK ENTFLIEHT: Weras Gedicht hatte es kommen sehen und vorweg genommen. Nur dieses Blatt Papier blieb Werner von seinen glücklichen Tagen in Charkow. Aber diese bescheidenen Verse trugen ein großes Versprechen in sich.

Doch jetzt war da erst mal ein glatter, tiefer Riss. Ein Riss, der für Jahrzehnte halten sollte. Auch nach Ende des Krieges blieb er für die Menschen im Westen wie im Osten von Europa unüberwindbar. Er hieß „Eiserner Vorhang" und zog sich quer durch den Kontinent und trennte weiterhin die Menschen. Charkow und die Schwäbische Alb lagen auf verschiedenen Planeten. An Reisen war nicht zu denken. Kein Funken von Hoffnung für Liebe, und sei sie noch so drängend. Werner und Wera richteten sich ein in ihren Ländern, sie heirateten, gründeten Familien, erfüllten ihre Berufe.

Ein Fingerzeig vielleicht dafür, dass die Liebe weiter lebte: Werner ließ die erste Tochter mit der zweiten Ehefrau auf den Namen Vera taufen. Ob er über den

Grund dieser Namensgebung sich jemals hat in sein Herz schauen lassen? Blieb es sein Geheimnis?

Ein halbes Jahrhundert musste vergehen und die Welt eine andere werden. Erst die epochale politische Wende von 1990 brachte das Ende des Kalten Krieges. Der Kommunismus brach in sich zusammen, auch über der Ukraine, das politische Klima zwischen den vormals feindlichen Blöcken erwärmte und belebte sich. Langsam, aber zunehmend wurden Begegnungen von Mensch zu Mensch in West und Ost wieder möglich.

Da regte sich in einem alten Mann von der Schwäbischen Alb, auf die Achtzig zugehend und längst zum zweiten Mal Witwer geworden, der verschüttete Lebenstraum seiner Jugend. Der Traum hieß Wera. Nur dieser Name war ihm geblieben. Wie bescheiden auch immer, im gelebten Alltag kaum spürbar: doch untergründig hatte die Flamme dieser Liebe immer gebrannt. Ob er es gespürt hat?

Mit nichts als diesem Namen machte Werner sich auf die Suche: in einer ukrainischen Millionenstadt. Die russische Botschaft schrieb er an, den Suchdienst des Deutschen Roten Kreuzes, das Einwohnermeldeamt von Charkiw, selbst Fernsehstationen im Land. Drei Jahre lang bemühte er sich. Helfen konnte ihm keiner. Aber aufzugeben kam für ihn nicht in Frage. Dafür saß der Stachel dieser Liebe zu tief.

Wann mag er auf die Idee gekommen sein, Weras Gedicht GLÜCK ENTFLIEHT in die Suche mit einzubeziehen? Sein letzter Trumpf vielleicht. An die größte Zeitung der Stadt schickte er ihre Sehnsuchtsverse aus den Tagen des Kriegs, das einzige, was ihm an Vorzeigbarem von ihr geblieben war. Schwer zu glauben, Wunder über Wunder: Damit hatte er Erfolg. Den Redakteur, dem der Brief mit den deutschen Versen in die Hände gefallen war, berührte eine Ahnung. Wera, Wera, Wera... Eine Wera C. schreibt doch Kinderbücher hier bei uns Tatsächlich hatte sie sich nach dem Krieg mit ihrer Literatur für Kinder und Jugendliche einen Namen gemacht, zumindest in Charkiw. Könnte *sie* das gewesen sein? Diese unglaubliche Geschichte muss den Journalisten wohl neugierig gemacht haben. Denn er suchte die alte Dame persönlich auf.

Und tatsächlich: Sie war es, die Autorin dieses deutschen Gelegenheitsgedichts aus den schlimmen Tagen des Krieges. Wera C. hatte es vor einem halben Jahrhundert an einen deutschen Soldaten adressiert. Jetzt hielt sie diese erotische Tändelei der Jugend in ihren alt gewordenen Händen. Sie wird ihre Zeit gebraucht haben, um das alles zu fassen ...

II.

Seit vier Jahren lebt Wera jetzt bereits in der kleinen Stadt auf der Schwäbischen Alb, wo ihr Werner zu Hause war. Sie war zu ihm gezogen, in sein schönes Eigenheim am Hang, das längst zu groß geworden war für ihn allein nach dem Auszug der Familie. Als Mann und Frau lebten sie dort zusammen, auch nach dem Gesetz. Denn sogar geheiratet hatten sie noch, um sich und allen anderen zu zeigen, dass ihre Liebe den Krieg überstanden hatte. Der Bräutigam war mittlerweile achtzig Jahre alt, seine wiedergefundene Braut aus

Charkiw nur wenig jünger. Bei dem feierlichen Akt im Rathaus seiner Stadt humpelte Werner zwar zwischen zwei Krücken. Die Hüftverletzung aus dem letzten Kriegsjahr behinderte ihn im Alter immer ärger. Doch ein zwanzigjähriger Jüngling hätte an diesem Tag nicht stolzer und glücklicher sein können als er. Wie beschenkte Kinder fühlten sich die Hochzeiter, so alt sie auch waren, und sie genossen jeden Tag ihres Lebens.

Weras Blick geht nach unten jetzt in dieser Februarsonne, ihre Stimme verdunkelt sich, zittert. Viel Zeit blieb ihnen beiden nicht mehr. Kein Jahr nach der Trauung starb der späte Ehemann.

Inzwischen ist es uns doch etwas kühl geworden auf der Wiese, trotz der Frühlingshelligkeit. Obwohl Wera von drinnen eine große Stola geholt hat und sich um ihre Schultern wickelt, ein schönes Stück aus weißer Wolle, selbst gehäkelt natürlich. Wir sitzen jetzt im großen Wohnraum des Sommerpalais', dem Hauptraum der Wohnung, der auf den Streifen Garten hinausgeht. Es ist wohnlich hier, hell, die Möbel wie die Tapete der Wände. Alles picobello aufgeräumt. Hier lässt es sich durchaus leben.

Die ganze Wand gegenüber dem Gartenfenster wird von einem Ölbild eingenommen. Rosen, lachsrote Rosen in einer Vase. Kein Meisterwerk, aber auch von keiner ganz unbegabten Hand. Wera steht noch einmal auf und stellt sich davor. Da kann auch ich nicht sitzen bleiben.

„Das ist von Werner", sagt sie und fährt mit der Hand sachte über das Bild. „Mir hat er das gemalt, allein für mich, als ich zu ihm gekommen bin, in sein Haus. Vierzehn Rosen. Der Vierzehnte ist mein Geburtstag, wissen Sie. Der vierzehnte August." Wera lächelt, mit feuchten Augen. Es sind graugrüne Augen, von algenhafter Tiefe. Sie fordert mich auf, das Bild abzuhängen und mir den Rücken anzuschauen. Ganz leicht ist es nicht. Mit aller Vorsicht fasse ich es an und hebe es von der Wand. In roter Farbe, über die ganze Fläche der Leinwand, steht da „An meine geliebte Frau Wera!" Ungebrochenes Blutrot. Darunter, in etwas kleinerer Schrift:

„... da die Sonne niedersinkt und sich der Abend neiget ..."

Erwartungsvoll mustert sie mich von der Seite.

„Das hat er gemacht – für mich!" Viel Stolz ist da in ihrem Lächeln, aber auch Schmerz. Was muss das für ein gefühlvoller Mensch gewesen sein, dieser Werner, denke ich mir. Laut aussprechen mag ich das jetzt lieber nicht.

„Nicht wahr?", nickte Wera nach unten. Tränen flossen ihr übers Gesicht, und sie hielt ein Taschentuch in ihren knotigen Fingern von sich ab.

Wir haben uns gerade wieder hingesetzt, die Lachsrosen hinter uns, den Blick nach draußen, ins Sonnenlicht, da steht die alte Dame schon wieder auf, gelenkig und flink, und holt ein Blatt Papier aus der Schublade .

„Diesen Brief hier, den muss ich Ihnen noch unbedingt zeigen." Und hält mir einen großen Briefbogen hin, von Hand beidseitig beschrieben, mit der gleichen Schrift wie auf dem Ölbild eben.

„Lesen Sie, lesen Sie ...", drängt sie mir das Blatt in die Hand. „Das hat er mir nach Charkiw geschrieben, weil ich noch mal zurück musste, wegen Visum. Ein Jahr vor unserer Hochzeit."

„Meine Liebste!", lese ich, und die Adressatin lässt mich keinen Atemzug lang aus den Augen. Ganz wohl ist mir nicht dabei, in die Intimität von anderen einzudringen. „Jeden Tag kommt mir mehr zum Bewusstsein, was für ein Kleinod ich wiedergefunden habe. Da ist doch wirklich ein Wunder geschehen, anders kann man das gar nicht nennen, und Du hast mich zum glücklichsten Menschen gemacht. Es ist mir ein besonderes Anliegen, Dir dieses Glück in reichem Maße wieder zurückzugeben als meine geliebte Gefährtin fürs ganze Leben."

Starker Tobak, fuhr es mir durch den Kopf. Wenn das nicht die berühmte große Liebe ist Da die Seite zu Ende war, reichte ich ihr den Brief zurück. Doch Wera ließ nicht locker.

„Lesen Sie weiter." Angespannt saß sie vorn auf der Kante des Sessels, die Knie eng beisammen, und knetete ein Taschentuch zwischen ihren Fingern. „Sein lieber Brief... es ist mein Leben." Ich überflog die letzten Zeilen. „Für mich ist es jeden Tag eine neue Erkenntnis, dass wir beide einfach zusammen gehören, mag auch kommen was will. Das ist von der göttlichen Vorsehung so bestimmt, da können wir Menschen nichts dran ändern. In diesem Sinne will ich für heute zum Ende kommen..."

Ich legte den Brief zurück in Weras Hände. So vorsichtig wie einen ägyptischen Papyrus aus den Tagen der Pharaonen.

Zurück

In der Pizzeria „Venezia", in einer Seitengasse zum Marktplatz, saßen wir zu zweit unter einem großen, mit grobem Pinsel gemalten Ölbild des Dogenpalastes und warteten auf unsere Nudeln. Es war Weras Vorschlag gewesen, dass wir uns zum abschließenden Abendessen bei dem Italiener träfen. Sie möge die südliche Küche, da könne man gut und gern auf Fleisch verzichten. Und dieser Enrico sei immer ganz besonders entzückend zu ihr, mit seinem „Signora" hier, „Signora" da. Sie lachte. Als alte Frau bekomme man nicht mehr so viele Komplimente wie früher. Dazu im Hintergrund des Raumes, leise genug, italienische Melodien, Schlager der 1970er Jahre, Lucio Battisti, Gelentano, Milva.

Ich hatte noch Fragen zum literarischen Leben in ihrem Land, zu den aktuellen Titeln, die dort gerade gelesen wurden. Auch über ihre eigenen Kinder- und Jugendbücher wusste ich so gut wie nichts. Wera hörte sich meine Fragen an, ließ den Blick über den noch leeren Wirtsraum hinweg schweifen, ein Lächeln um den Mund. Sie lehnte sich zurück, schloss die Augen und fing leise an zu singen. Es war ein zartes Singen, den Kopf im Nacken, mit blindem Blick, das eher nach innen ging, als hätte sie mich vergessen. Ich schloss jetzt selbst die Augen, um hineinzufinden in den Rhythmus dieses Sprechgesangs, verhalten, aber hin und wieder auch heftiger werdend. Ich musste mich hinein finden in die Situation. Wera feierte ihre Sprache, ukrainische Verse kamen aus ihr, ganze Strophen. Ebenes Gelände öffnete sich dabei vor meinem inneren Blick, Land unter Steppengras, eine Weite, die ohne jedes Ende war.

Irgendwann brach die Stimme ab, und Wera erwachte in der Wirklichkeit eines italienischen Wirtsraums auf der Schwäbischen Alb. Die Augen glänzten ihr, wie ich es sonst nur bei frisch verliebten Frauen gesehen hatte. Ihr Gesicht hatte sich gerötet im Eifer des Glücks.

Gleich kommen noch Tränen, fürchtete ich. Und lag ganz falsch damit. Ruhig, fast nüchtern fand die alte Dame zurück in unsere Unterhaltung, gar nicht sentimental oder weinerlich.

„Tschewtschenko, wissen Sie. Das sind Verse von Tschewtschenko gewesen, aus seinem *Kobsar*. So besingt er den Don, unseren wunderbaren breiten Strom. Wie sein Wasser zu stehen scheint, und plötzlich schießt es wild dahin, die Wellen klatschen hoch ans Ufer. Wie oft haben wir dieses Lied gesungen, in meiner Wohnung, an meinem Klavier! Völlig verstimmt! Seit vielen Jahren ist es verstimmt, ich kenne es gar nicht anders, aber das macht nichts. Es stammt noch von meinem Vater, bevor sie ihn erschlagen haben. Wenigstens das Klavier haben uns die Kommunisten damals gelassen, und ich spiele heute noch darauf, wenn ich dort bin. Verstimmt oder nicht."

Wera lachte, ein leichtes Lachen, durchaus mit einer achselzuckenden Unbeschwertheit ging sie über ihre schlimmen Erinnerungen hinweg. Diese Stimmung übertrug sich auf mich, ich konnte ihr gut zuhören, auch wenn ich in dieser Lebenshaltung etwas spürte, das mir eher unvertraut war und mich ins Grübeln brachte. Hier klagte niemand und beschwerte sich über sein Los, wie es war und wie es ist. Die alte Frau an meiner Seite nahm es hin, das Leben, wie es sich erfüllt an uns – das Leben mit seinen Glücksmomenten und mit seinen Grausamkeiten. Ob sie von sowjetischen Volkskommissaren verübt waren, von deutschen Militärs oder von den eigenen Landsleuten mit schwachem Charakter. Lohnte es sich jetzt, in diesem friedlichen Gespräch, darüber zu rechten? Wem wäre damit gedient?

Ob ich die Frau aus der Ukraine da richtig verstanden hatte? Sicher war ich mir nicht. Jedenfalls empfand ich großen Respekt vor diesem alten lebenserfahrenen Menschen. Und wollte jetzt endlich, an unserem Abschiedsabend, die Geschichte von der missglückten Lesung ihrer Gedichte in Charkiw hören. Mehrmals schon hatte Wera sie herausgeschoben, weil sie ihr immer noch zu belastend auf der Seele lag. Bis heute war sie damit nicht fertig geworden -

Ihre späten Gedichte! Sogar eine zweite Schreibmaschine hatte der herzensgute Werner ihr zuhause hingestellt, mit kyrillischen Typen. Für ihre Gedichte. Die Verse flossen aus ihr, in ihrer Sprache, die hier in der Fremde noch wichtiger für sie geworden war: der Inbegriff von Heimat. Ihr Druck sollte Werners Hochzeitsgeschenk für sie sein. Ein eigenes Bändchen mit ihren Gedichten! Ein Traum. Ihr ganzes Leben hatte sie davon geträumt. 3000 Exemplare gleich. Gedruckt natürlich in Charkiw.

„Bei uns kannte man nur hohe Auflagen, wissen Sie. Die Sowjetunion war riesig." Wera musste lachen. Und wie sie darauf fieberte, damit in ihre Heimatstadt zurückzukehren, an der Seite den Mann, den sie nach einem halben Jahrhundert wiedergefunden hatte - und seit kurzem waren sie sogar miteinander verheiratet. Auch Werner muss selig gewesen sein, die Stadt wiederzusehen, in der die Liebe seines Lebens begonnen hatte, jetzt, als alter, kranker Mann, aber glücklich. Vielleicht, meinte sie, vielleicht habe er diese Tage in Charkiw sogar mehr genossen als sie, denn er bekam schon mit, wie Wera von Tag zu Tag stiller und nachdenklicher wurde.

Ihre Lesung habe im Literaturmuseum stattgefunden, in einer alten Villa, einen Steinwurf von der eleganten Puschkin-Straße. Die Umarmungen und die Küsse und die Tränen bei der Begrüßung – das war überwältigend. Wera drohte, den Boden unter den Füßen zu verlieren. So viele Freunde waren gekommen! Wie sollte sie da noch ihre Verse vorlesen können? Sie las und las, das Herz schlug ihr am Hals, Vers um Vers, die Strophen strömten aus ihr –

Nach ihrer Lesung wieder reichlich Umarmungen und Küsse und Tränen im Überschwang der Begeisterung für ihre meisterlichen Verse. Erst allmählich, nach und nach, als ihre Aufregung sich legte, merkte sie, dass durchaus nicht alle ihre Freunde gekommen waren. Dieses liebe Gesicht vermisste sie, und jenes, es wurden immer mehr. Wo waren sie geblieben? Und auch die Lobesworte der Gekommenen über ihre Gedichte verloren sich rascher als sie es von früher kannte. Man stand einander gegenüber, Gesicht zu Gesicht, Auge in Auge, ein verlorenes Lächeln, und es stockte plötzlich. Es fehlten ihnen die Worte, den Freunden und ihr. Stumme Hilflosigkeit. Ein sich Abwenden in Verlegenheit, ein beiseite Treten.

Worüber die Menschen sofort wieder zu reden hatten, das waren ihre Alltagssorgen, die täglichen Kämpfe beim Einkaufen, beim Besorgen von Kohle und Heizöl, die hochschnellenden Preise, die niedrigen Löhne, die erst nach zwei oder drei Monaten ausgezahlt wurden, wenn überhaupt. Von einem geschätzten ehemaligen Kollegen lag die Frau im Krankenhaus. Jeder Handgriff am Bett war gleich zu bezahlen. In Dollars! Diese Sorgen standen ihren Freunden ins Gesicht geschrieben. Da verloren Weras Verse, im ukrainischen Hochgefühl auf der Schwäbischen Alb gedichtet, schnell an Gewicht, lösten sich auf, verflogen. Auch die Augen der Dichterin wurden traurig, so wie sie es in Deutschland oft waren.

Ihrem Werner entging das nicht.

„Hast gewiss Heimweh, Mädle?" Er umarmte sie und gab ihr einen Kuss auf die Backe. „Bald sind wir ja wieder daheim!"

Nach der Rückkehr aus Charkiw stürzte Wera sich darauf, die zahlreichen Druckfehler ihrer Gedichte zu verbessern, von Hand. Band für Band ging sie durch. Doch eines Tages, irgendwann, verlor sie die Freude daran. Wozu? Für wen? Ihr Eifer schlief ein, und die Kartons verschwanden im Keller.

Doch vergessen sind sie nicht.

„Eines Tages muss ich wieder zurück. Die Gedichte - alle meine Gedichte will ich den Freunden schenken! Deshalb gebe ich meine Wohnung in Charkiw auch nicht auf - niemals!"

Nach einer Pause, ihre alte, vogelleichte Hand auf meiner, sagte sie, sehr leise: „Die Sehnsucht nach zuhause ... nur dort schlägt mein Herz."

Abschied

Wo lässt sich besser Abschied nehmen von Charkiw, für diesmal, als im intimen „Park der Poesie", zwischen Puschkinska und Sumskaja? Eine schmale Rasenfläche im Schatten hoher Bäume. Vorn auf einem Sockel Nikolaj Gogol, der große realistische Erzähler Russlands. Lange wusste ich nicht, dass er als Mykola Hohol hier in der Ukraine geboren worden ist, bei Poltawa, und seinen literarischen Durchbruch in Russland mit Erzählungen aus dem Landleben seiner Heimat feierte. Am anderen Ende thront als Gegenstück die Büste Puschkins, des Sängers aus Sankt Petersburg, Russe aus altem Adel und Urenkel des „Mohren" am Hof Peters des Großen.

Ich gehe unter den Bäumen zwischen den beiden Denkmalen auf und ab. Taugen die Dichter, frage ich mich, immer im Blickfeld von Hohol/Gogol und Puschkin, taugen ausgerechnet wir zu nationalen Identifikationsfiguren?

Gehören wir nicht eher, Dichter aller Länder, zur Internationale der Außenseiter, der Unzuverlässigen (was nationale Inbrunst angeht jedenfalls)?

Ist unser Ort, aus dem wir kommen und schaffen, nicht eher die „Exterritorialität des weißen Papiers", von der Sándor Márai spricht, der Ungar in Amerika? Entwirft die Poesie nicht ein Bild vom Menschen, das über die Grenzen weist, über die Grenzen von Sprachen und Zeiten hinweg, das hellsichtig macht für die blinden Flecken im Bewusstsein der eigenen Epoche, des eigenen Landes?

Weder Gogol noch Puschkin verraten mir eine Antwort. Ihr Lächeln in Erz geht über mich hinweg. Das alles hatte ich früher schon mal besser gewusst. Seit ich die östlicheren Breiten unseres Kontinents ein bisschen näher kennen gelernt habe, bin ich mir auch darin nicht mehr sicher.

Alphabetien sollte vielleicht unsere Heimat heißen. Dort könnten wir am ehesten Bürgerrecht einfordern.

Zuhause sind und bleiben wir doch allesamt Fremdlinge.

Wenn ich wieder dort bin, wird mir mehr als eine Sehnsucht nach dieser Stadt bleiben: So lange habe ich mich sattsehen können an den blonden, hellblonden Menschen hier. Gewiss, es gibt sämtliche dunkleren Haarfarben auch, auf der Palette von Dunkelblond und Kastanienbraun zum Schwarz der Kohle, von der Internationale der Grau- und Weißköpfe gar nicht zu reden.

Doch wenn ich an einen ukrainischen Menschen denke, ob Mann, ob Frau, sehe ich einen Schopf in hellem Blond. Alle, besonders die Frauen, lassen ihre Haare lang wachsen und tragen sie meist offen, wenn nicht morgens vorm Spiegel rasch zum praktischen Pferdeschwanz gebunden. Kurzhaarfrisuren sind kaum zu sehen. Ob das wirklich bloß das Diktat einer Mode ist? Wohl kaum. Eher vermute ich: Die Menschen hier lieben selbst ihr helles Haar und wollen möglichst viel davon sehen lassen.

Wenn ich zurück in Deutschland bin und durch die Straßen gehe – das wird ein dunkles Erwachen geben …

Inhaltsverzeichnis

Platz des 23. August   7

Guten Morgen!   12

Sumskaja   15

Volksvergnügen   20

Der Platz der Freiheit   24

Aresklänge   27

Studentenstadt, mit zwei Zungen   33

Und immer wieder diese Weite   38

Der Sänger   42

Vom Krieg   47

Heldensterben   50

Ludmilla   53

Der kleine grüne Plastiktraktor   55

Hunger!   63

Platz der Freiheit, ohne Ende   65

Zivilfriedhof Nr. 17   67

So lachen nur Kosaken   74

Inhaltsverzeichnis

September 84

Ach um den Glanz 85

Wenn die Musen schweigen 86

Nur Verse 89

Larissa 92

Solnischko 94

Im Schatten des Schwarzen Soldaten 102

Heiliger Abend 105

Vom Fallen und Siegen 109

Schnee ist geduldig 113

Letzte Zeugen 117

In der Ankerwicklerei 121

Die wahre Legende von Wera und Werner 131

Zurück! 142

Abschied 147

Inhaltsverzeichnis 150